ハリー・ハルトゥーニアン

アメリカ〈帝国〉の現在

イデオロギーの守護者たち

平野克弥訳

みすず書房

THE EMPIRE'S NEW CLOTHES

Paradigm Lost, and Regained

by

Harry Harootunian

First published by Prickly Paradigm Press LLC, Chicago, 2004

アメリカ〈帝国〉の現在　イデオロギーの守護者たち

近代化が約束したもっとも重要な問題に立ち戻らなければならない。それは均等性である。近代化は均等なのだ。なぜならすべての社会がわたしたち——すくなくとも西洋から見て——のような装いをし、おなじ（発展）段階へと行き着き、未来がもつあらゆる可能性が今、この時点で生きられているという立場が近代化理論の核心だからだ。言い換えれば、近代化は時間と空間をひとつの見地に収束する理論を抱えこんでいる。現にわたしたちの目のまえには、巧みな技術によって機能しつづける変わることのない世界が整然と横たわっているではないか……近代化は永遠につづく「今」という時間のなかに過去と未来を完全に和解させることを約束する。「今」——それは社会的経験のあらゆる積み重ね（伝統）が破壊され、取り除かれた世界。貧困が消え、階級闘争が過去のものとなり、人間離れした衛生的な生活が進むなか、これまでになかった豊かさと公平な分配によって、矛盾というさまざまな重圧が取り除かれた世界。

Kristin Ross, *Fast Cars, Clean Bodies*（クリスティン・ロス『高速車、きれいな身体』）

この新しい考え方〔近代化〕は、なによりも希望をあたえた。たしかにアフリカは車を発明しなかったし、アジアの宗教は宿命論的であったし、ラテン民族は企業家に必要な倹約精神に欠けていた。しかし、この考え方によれば、これらの欠陥は生物学的というよりも文化の問題なのである。そして、もし後進国が日本のように自生のカルヴァン主義を発明するほど賢く、また子供たちの読む本の内容を書き換える努力をし（もちろん、子供たちこそが読むことを最初に教わるからだ）、トランジスターラジオを辺鄙な村にまで普及させ、先見の明のあるエリートたちが愚鈍な群集を慈善的な他者の助けをえて動員し、そしてもし……、そうすれば後進諸国はヨルダン川を越え、乳と蜜でみたされた豊かな領土へと足を踏み入れることができる。この信条こそが、近代化論者があたえた希望にほかならなかった。

Immanuel Wallerstein, "Modernization: requiescat in pace"（イマニュエル・ウォーラーステイン「近代化――安らかに憩わんことを」）

目次

日本語版のための序　帝国的「現在」について

冷戦時代、ふたつの大国は中立をたもつ第三世界の国々をみずからの陣営に誘いこむための戦略として、ふたつの異なる近代化のモデルを提供することを強いられていた。ひとつは市場経済を基礎とした、そしてもうひとつは国家の介入と統制を基礎としたモデルである。近代化への衣替えを約束する、競合と交渉のただなかにおかれた第三世界諸国は、二極に分裂し、今にも炸裂しそうな緊張関係を自国の経済的・政治的利益のために最大限に利用し、巧妙に舵をとっていった。一九八九年の冷戦のおわりは、不吉にもアメリカの第一次湾岸戦争の開始によって告げられたが、世界情勢はそこでまったく新しいものへと変貌した。社会主義体制が崩壊したその瞬間、近代生活につねに内在し、紛争の起爆剤となってきたふたつの矛盾する衝動、つまり目覚しい技術革新と復古主義への要求が顕在化するという事態——

それはマルクスが『ルイ・ボナパルトのブリュメール18日』で「過去の亡霊」あるいは過去の「仮衣装」とよんだ革命の反復的な形態を思い起こさせる——が生じた。これによって誘発されたのが、原理主義運動の跋扈である。

しかし、この反復はマルクスのそれとはちがったものだった。原理主義運動が招きよせ、演じようとした過去とは、遠い昔に消え去った経験ではなく、いまだに存在しつづけ、植民地の経験から発せられる苦しみの声だったのである。それはまた、脱植民地化以後に形成された国民国家のあり方と台頭するグローバリゼーションの新秩序——西側諸国および日本と、貧困と内紛に苦しみつづける諸国とのあいだに圧倒的に存在する不平等を加速させる秩序——への失望にむけられていた。しかし、原理主義運動が表面化させたものは、現代は圧倒的な物質的不平等から成り立ち、それはまた、多種多様な時間(意識)が持続的に存在しているという事実である。これこそ、つねに資本主義の中心にあった矛盾であり、近代化論が開発のプログラムをとおして乗り越えようとした矛盾でもあった。社会主義が世界から退き、来るべきより平等な生活への希望が消え去った途端、原理主義は、かつて資本主義とスターリン的計画経済が実現しようとした進歩的な未来を拒絶するかたちで、現代の不幸と矛盾に暴力をもって応答したのである。

新しくあらわれつつある世界秩序にあって、アメリカも新ロシアも、かつて必要としたほど第三世界を必要とはしておらず、過去四〇年にわたって支給してきた物質的援助を急激に減らす決断を下すようになる。さらに、この新秩序の中心をなす産業大国がこれまで輸入していた第三世界からの商品をもう必要としなくなったと気づくには、それほど時間がかからなかった。端的にいえば、産業諸国が徐々に第三世界を見捨てるという事態が起こったのである。非産業社会は孤立し、あるいはさまよいながら、飢餓と内紛ほど深刻ではないにしても、統御できない〝バルカン化〟と分裂化への道を滑り落ちていった。まさにこの事態こそが、継続するアフリカの苦境であり、中東や、アジア、ラテンアメリカの一部の地域も、自己の政治的不安定と経済的脆弱さから生まれる不穏な兆しから、けっして自由ではない。したがって、冷戦のおわりは、産業の発達と政治的安定と秩序によって、よりよい生活がえられるのだという幻想すら、第三世界から奪いとってしまった。近代化のふたつのモデルの根本的な対立が衰え消え去ったことで、〝自由市場〟の勝利が謳われ、無制御の資本主義が跋扈する舞台は完璧にととのった。自由市場のもつ世界拡張的傾向は新自由主義とよばれ、ソ連なきあとアメリカの覇権によって指導されてきたが、その覇権はあたかも帝国的野心と資本主義の発展が切り離せない一対をなすかのように、それらを統合させる立場を築いてきた。

アメリカの覇権のもとで、強力な諸国家間で世界の分割がおこなわれるような様相を呈しており、アントニオ・グラムシがかつて「南部問題」とよんだ事態にむかって、彼すら予測できなかったかたち――いわゆる南北問題の深刻化――で突き進んでいる。第一世界、つまりアメリカ合衆国と北アメリカの近隣諸国、そしてクライアントとして影の役を演じる日本とヨーロッパ共同体は、政治的・経済的地域主義の新たなかたちを模索しはじめた。一方、中国を例外とすれば、ベトナム、キューバからなる第二世界は、第三世界に吸収されるかたちで実質上消滅した。9・11以後の現状は、多くの人が指摘してきたように、制限の効かない帝国的支配という新しい時代の訪れとして、世界的規模で危機的局面が形成されつつあることを物語っている。マンハッタンのツインタワーの破壊につづく数年間は、アメリカのイラク侵略、アフガニスタン紛争の長期化（アメリカの介入はこの時点ですでに一二年目に入っており、アメリカの〝三十年戦争〟になる様相を呈している）などにみられる一連の帝国戦争に彩られてきたのであり、それらの戦争は、ベルリンの壁の崩壊以降、アメリカ帝国が世界に君臨してきたという主張に裏づけられている。そして、経済的に腕力をふるう中国の台頭、以前第三世界国と見なされたインド、ブラジル、韓国の躍進、世界金融の崩壊と現在までつづくその影響、福島の原子炉溶融が知らしめた世界規模での放射能汚染の危機、スペイン、ギリシア、イタリア、イギリスでつづく国民国家と政府と金融界の衝突（それはいうまでもなく、政府と銀行が庶民に奨励し可能にした放蕩というライフスタイルから生まれた負債を返済するために、厳格な緊縮経済を強要しようとする状況から生じているのであり、国家運用における政治危機と金融危機の融合を意味している）、そしていわゆる「アラブの春」――シリアでは血なまぐさい内戦へと拡大し、政府も反政府も少数民族への圧迫へとむかいつつある――などの歴史的事件が相次いできた。

もし、資本主義が「今」（物質的豊かさの充足）という時間の永遠の反復を必要とし、その時間観念が現代社会の構成を説明する支配的な原理になっているならば、そのような構成を帝国とつなげ、「今」とは帝国をとおして「豊かさ」を確保し再生産することである、と意味づけたのはほかでもない覇権国アメリカであった。その意味で、無制限な資本主義の拡大の扉を開くきっかけをつくったのは、9・11のテロではなく、冷戦の終焉であったことを認識しておくことは重要であろう。この資本主義の際限なき拡張が目指すものは、一昔まえの近代化のパラダイムを新しい衣装で包み、資本の蓄積へのコミットメントを開発・発展・革新の条件として継続するような世界をつくりあげることであった。結果として、わたしたちはいまだに戦後の帝国的支配によってつくり出された事態のなかに囚われているのだ。この事態は、相変わらず近代化のプログラムに支えられているアメリカの軍事力・経済力によって維持されており、金融危機、おわりなき戦争への告発、中国や他の新興経済との激しい競争がどれほどそれを揺さぶろうとも、簡単に消え去ることはない。帝国論への関心の高まりと一世を風靡した「トーニ」・ネグリとマイケル・ハートの『帝国』の出版がベルリンの壁の崩壊と時をおなじくしていたことは興味ぶかい。ネグリとハートの見解の魅力あるいは時宜をえた成功は、国民国家形態がその生産性を失い、地政学的紛争が脱国民的な資本主義へと拡散していったという確信に由来していた。それは、ベルリンの壁崩壊以後さかんに論じられたグローバリゼーションの姿と酷似していた。資本主義国家間の競争はすでに時代遅れと見なされ、トランスナショナルな資本主義あるいはグローバリゼーションが、国民国家の政治的空間を無効にしながら最終的に地球全体を統合し、「脱中心化し、脱越境化」した権力のもとに世界は再編成されるという判断にもとづいていた。それゆえネグリとハートは、帝国が国民国家と国民主権に取って代わり、資本の支配を覆すことのできる全世界をつなぐ新しい主体、マルティテュード[*1]の出現を夢想したのだ。

しかし、『帝国』の人気は長続きしなかった。それは、資本家たちのネットワークの世界的な統合をめぐる理論的楽観主義と、歴史的論理・分析の欠如のためである。彼らの立場は、資本主義と自由市場が世界を覆いつくすことから生まれる新しい歴史的局面に希望を見出したという意味で、一昔まえの近代化論と同類であり、資本主義はこの目的をすでに達成したのだと主張することで、近代化論の楽観主義の一歩先を行ってしまった。すくなくとも近代化論は、それほど楽観的な立場を主張したことはなく、それゆえに発展理論をつくりあげなければならなかった。ネグリとハートは、マルクスが「現実的包摂」とよんだ労働と生産過程の余剰価値蓄積への従属過程は、実は世界的規模で商品関係が完全に支配した状態を指すのだという誤認から出発していた。しかし、この見解自体、一九七〇年代のイタリアの状況の誤認から生じたものであり、マルクス自身の「現実的包摂」への両義的態度によって否定されている。マルクスは資本主義というシステムを全体化するためにこのようなカテゴリーを必要としたのであり、『資本論』のなかでこの概念の有効性は、歴史的でもなければ経験的でもなく、マックス・ウェーバーがいった「理念型」に近い方法論的なものであると明言している。さらに、国民国家に束縛されない帝国的形態に訴えることは、ジョージ・W・ブ

＊1　The multitude. 超大国による覇権に対して各国の国民、企業、非政府団体を含む超国家的なネットワークが生み出す権力。（訳者注。以後、傍注はすべて訳者による）

ッシュ・ジュニアが大統領時代にとった行動、とくにアメリカの帝国的野心をもっとも明瞭にしめしたイラク侵攻によって、あまり意味のない立場であることが露呈した。この現実は、ネグリとハートが『帝国』で語ったマルティテュードの「首なし」の政治主体とアイデンティティ、という認識と根本的に矛盾している。近代化論が巨大な帝国ではなく国民国家の経済発展に焦点を当てていたという意味で、『帝国』は近代化論戦略からの出立であったことにまちがいはない。しかし、それが、近代化論の発展主義をより拡張的な空間のレベルに翻訳し援用していることは明らかだ。近代化論もハートとネグリの帝国論も、非歴史的な観点を共有している。つまり、前者は〝低開発〟社会をまったく異なる時間に属するものとして位置づけるか、近代の到来を予示するものと見なし、前近代史への理解をまったく欠いていた。後者は、帝国主義の歴史的形成とその過去と現在にみられる継続性と類似性をまったく理解していない。

帝国を積極的な意味で担ぎ上げようとする努力は、歴史家と社会科学者のあいだにも、ここ数年のあいだ広がりはじめている。彼らは、ポストコロニアル研究がもたらした植民史・帝国史への批判に対抗しようと、帝国をめぐる新しい言説をつくり出すのに躍起になっている。帝国を学問の中心にもう一度据えようとする意図は、その歴史的意義と政治的生命を救い出したいという欲求から生まれている。これらの歴史家にとってポストコロニアル批評が問題なのは、抑圧的な植民地主義の悲惨な帰結が、脱植民地化した現在にもその痕跡を残し、新興国（旧植民地国）が政治的不安定と経済的不確実性の恐るべき幻影から抜け切れない原因となっているという指摘である。脱植民地化から生まれた新興国の脆弱さを、歪んだ不完全な近代として問題視するこの立場は、帝国が時間的にも空間的にも〝耐久性〟をもち、植民地の独立後の民族的発展に役立った事実に注意をむけようとする。フレデリック・クーパー*1やジェイン・バーバンク*2のような、帝国のあり方を熱烈に支持する歴史家によれば、帝国はその拡張的衝動や「拡張の記憶」とは別に、支配された者たちのあいだに「ヒエラルキー」を維持することに貢献したというのだ。クーパーとバーバンクは民族的に雑多な人びとを治めるための帝国的上下秩序を、同質性の原理——単一民族と単一の領土——を基礎に成り立つ国民国家の統一性と並列させて考えようとしている。それは、帝国が多様な民族から構成されている一方で、国民国家は近代になって単一民族を中心に領土を分断し歴史を書き

＊1　Frederic Cooper. ニューヨーク大学でアフリカ史・植民地史を担当し、バーバンクと共著で *Empires in World History* を二〇一〇年に出版。
＊2　Jane Burbank. ニューヨーク大学でロシア史・帝国史を教える。

換えた、たんなる作り話にすぎないと主張するためである。クーパーとバーバンクがおかした過ちは、国民国家というフィクション――それは数知れない殺戮を生み出した――をもうひとつの帝国というフィクション――じつは上下秩序は、平和と安定ではなく、暴力の歴史を生み出してきた――に置き換えたにすぎないということだ。さらに、帝国的秩序が国民国家にくらべて、異なる民族をそれぞれの主権を認めながら統治し、それぞれに対応した政策を実行することの重要性に敏感であったという結論を、彼らは導き出している。このような議論は、国民国家は「歴史にあらわれた一時的な現象」にすぎず、より長い歴史をもつ帝国こそが、政治的により効果的な制度である、という新たなフィクションの上に成り立っている。しかし、これらの帝国の優位をめぐる議論はすべて、国民国家によって想定されている同質性そのものが架空の産物であることを忘れている。この同質性を問題にすれば、彼らの帝国論もまた、まったく根拠をもたないものとして崩れ去ることは明白だ。そして、国民国家と帝国のモデルのあいだに競争と比較を想定すること自体、まったく意味をなさなくなるだろう。

クーパーとバーバンクの見解は、たしかにハートとネグリの帝国観とはちがい、帝国が過去から現在まで歴史的に連続していることをしめすことで、分断されてしまった過去と現在をつなぎ合わせる役割を果たしている。しかしそれが問題なのは、古い昔の非資本主義的過去に存在した帝国と、資本主義的近代の歴史的過程——〝コロニアルな近代〟とよびうる——にふかく関係している帝国との区別を拒否する傾向にあることだ。歴史的にまったく異なる帝国の形態を識別することを拒む不可解な態度と、現在の問題を過去の事例にあてはめてしまう安易さとが、つぎの荒唐無稽な見解を生み出す結果になった——たしかにアメリカは他の主権国を侵害し、軍事占領をおこなってきたが、最終的に彼らの主権と独立を認め、「植民地化することはなかった」と。もし領土の獲得が帝国を定義するもっとも重要な基準ならば、前近代の帝国は、すべての帝国のモジュールということになってしまうだろう。そして、年代的にはより早い時期に出現したという理由から、その形態は変わることのない帝国の原型として非歴史化されてしまう。わたしたちは、「植民地をもたない」アメリカが、世界中に陸軍と海軍を配備しながら他国に多くの権益を維持していることを知っている。このように過去と現在の帝国の形態のちがいを見過ごしてしまうことは、帝国は「さまざまな(政治)形態」を生み出し内包する一方で、国民国家は世界の分断をつくりあげただけだという単純な結論を繰り返すことに終始してしまう。

このように帝国をめぐる近年の議論を吟味することは、この二〇年間アメリカ帝国の経済的・政治的・軍事的支配のもとで生彩を欠いてきた国、日本の問題を熟考することにつながっている。日本がアメリカのクライアント国家として存在してきたことは、アメリカ帝国の影響がひろく根強く浸透してきたこと、さらに、戦後の日本が資本主義的近代化のパラダイムと冷戦イデオロギーを全面的に受け入れてきたことを物語っている。周知のとおり、このパラダイムとイデオロギーは、トーマス・ジェファーソン流の「自由の帝国」を、自由貿易と市場化の原理——この原理は、すべての社会をアメリカ風につくり変えることを目指していた——に完全にすり替えてしまったのである。一九四五年以来の日本とアメリカの入り組んだ関係は、日本に〝一党独裁民主主義〟国家を誕生させ、〝安定〟と〝繁栄〟をもたらすことになる。日本国民は経済成長の実現にすべてのエネルギーを注ぎこむのだが、それは、あのメフィストに魂を売ったファウストのように、アメリカへの従属と依存を受け入れることでもあった。世界に誇るその経済的地位にもかかわらず、日本は世界という舞台で自立した政治的役割を果たすことはなかった。この日米関係の構図の裏に横たわってきたアメリカの思惑は、〝安定したドルを中心に〟世界の金融市場をつくりあげることを目指した帝国的構造のもとで、アジアに強力な産業国家を誕生させることであったのだ。日本に軍事基地をおくことは、この思惑を達成するための必要条件とされた。一九五五年以来、このシステムはいまだに効力を失うことなく、興隆する中国をクライアント国家によって封じ込めようとするアメリカの戦略の中心に、日本は位置づけられている。

3・11の福島第一原発の事故は、この戦後の構図に大きな変化をあたえるようにみえた。つまり、放射能汚染の広がりは、日本の政治社会がアメリカへの依存から自立し、帝国の影から脱出するきっかけを提供していたのかもしれない。世論の大半は、原子力施設の完全な撤廃を望んでいたし、アメリカとの依存関係をもっとも如実にあらわしてきた原子力エネルギー政策との決別を各政党につよく要求していたのだ。当時政権を握っていた民主党は、二〇三〇年までに原子炉廃止を国民に訴えることで、震災以後急速に広がった民衆の国家への不信を払拭し、来るべき選挙で敗北を逃れることができると確信していた。しかし、そのような反原発・脱原発運動がさかんになるや否や、日本の財界とアメリカ政府が強硬な反撃に出て、大きな圧力をかけはじめた。アメリカは、日本の原子力エネルギー産業を廃止することがアメリカの産業にも悪影響をおよぼすのではないかと懸念していた。

民主党の後退は、国家と支配階級への国民的不信あるいは無力感のうねりを助長することになり、自民党が返り咲く機会をつくりあげてしまった。帝国の構造にひれ伏すことで露呈したのは、核の安全神話と国家によってつくられてきた「原子力村のすばらしさ」が延命したことだけである。神話は、核権力への抵抗を切実な内省へと転換させる力をもつ政治的無意識を消し去るために、効果的に援用されてきた。日本は歴史的にも地震が多発する国であり、福島一帯はとくにその頻度が高いという確固たる知識がありながらも、国家は危険性の高い場所に原子炉を建てることが安全であり、それがもたらす経済的利益はすべての人に行き渡る、と住民たちを説得してきた。歴史的に経済的不均衡が存在してきた東北の人たちにとって、これは抗することのできない神話であった。しかしこの問題は、世界の怒りを結集できる重要な国際的関心事へと発展する代わりに、アメリカ国民の意識からきれいにその姿を消してしまった。このあまりに早い「忘却」こそが、パトロンとクライアントの関係が日米関係をいまだに規定していることの証であり、アメリカ帝国の影に隠されている日本の従属的な地位を象徴しているかもしれない。

ハリー・ハルトゥーニアン

ニューヨークにて

I　パラダイムの帝国

この小著の主旨は、冒頭のふたつの引用文にみごとにまとめられている。近代化論をめぐるわたしの考えを、これらの引用に即しながら説明してみたい。それは、冷戦時代の初期に構築された近代化論パラダイムが歩んだ歴史、つまり戦後に植民地支配から脱したばかりの極東から南半球にまたがる多くの中立の新興国を、経済発展へと誘うアメリカの戦略に、近代化論が理論的正当性をあたえた経緯を考えることを指している。アメリカとソ連は第二次世界大戦終結後すぐに、各自が信奉する近代と発展のモデルに新興国を呼びこもうとする途方もない競争へと突入していった。近代化論は社会変革の理論として登場し、社会科学（すくなくともアメリカの社会科学）をそれまでに経験したことのなかった世界的な檜舞台へと押し上げ、比較研究にもとづく方法論的プログラムを提示するにいたったのである。それはまた、近代化の過渡期にある新興社会（いまだに近代の必要条件をみたしていないとされた社会）の理論化が、社会科学者をかつてない規模で国家政策へと巻きこみ、歴史家ローレン・バリッツ[*1]が「権力のしもべ」とよんだそれへと変貌させていったのだ。社会科学は、経済理論に依拠しながら、手段と目的という打算的な論理の有効性を疑うことなく駆使し、脱植民地化のトラウマを経験した新興国がどのように平和的に近代化をなし遂げられるかを構想した。それは、困窮する新興国と欧米の豊かな産業国に存在した格差を、革命と暴力によって克服しようという理論に取って代わるものとして提示されたのである。

発展主義は、〝伝統的〟社会を近代的で合理的な国民国家へとつくり変えるために考案された。それが意図したことは、これらの新興国をアメリカ製品をすすんで消費するような社会に変質させることであった。もちろんイデオロギー的表象のレベルでは、発展主義は、〝救いの手〟を差し伸べたいという慈悲ぶかく、利他的で自由主義的な装いを身にまとっていたことはいうまでもないだろう。

発展主義の具体的なプログラムは、政治経済の営みを市場化と民主化に集中させること――多くの場合まったく悲惨な結果におわった――であった。近代化論の骨子となったこの思考のありかたと、それが約束した実践的有効性を理解することが、なぜわたしたちの〝今〟

をひもとくうえで重要な意味をもつのかという問いは、すべて以下の点に関わっている。つまり、市場によって活性化される経済発展は、世界を豊かにし、それを実行できる絶対条件として政治の安定化――とくに脱植民地化を果たした新興国間のそれ――を図る必要があるという前提を批判的に検証することである。つまり、歴史が教えてくれる教訓は、市場化は少数者の富を膨張させる一方、民主化はすべての国民に公民権をあたえながらも一部のエリート層に権力を委ねてしまう結果――ごく少数の富裕層とつながりながら――になったという現実であろう。これは、戦後日本が長いあいだ経験した〝一党民主制〟がもっともよくしめしている。日本が〝自由世界〟へ〝後れて〟参入しながらも、資本主義的近代化をもっとも成功させた例としてつねに引き合いに出される国であることはいうまでもない。この幻想は、一九六〇年代から七〇年代に活躍した社会科学者や歴史家の産物である。彼ら彼女らはアメリカで主要な慈善団体の基金から寛大な支援をうけながら、日本人の経験がどのように社会変化と発展をめぐる理論に合致しているのかを検証することに努力を注いでいた。その

＊1　Loren Baritz. 一九二八－二〇〇九。マサチューセッツ大学でアメリカ史、とくにベトナム戦争史を教えた。*The Servants of Power: A History of the Use of Social Science in American Industry* は著書のひとつ。

学問が主張した日本の政治的安定と経済成長が、どのように冷戦時代の非同盟国が見習うべきモデルとして表象されてきたかについては、のちに検討しよう。日本の例がアメリカのそれよりも有効なのは、日本が占めるアジアでの位置であり、地理的に――日本が他のアジア諸国より〝進んでいる〟という意味で、時間的にではなく――第三世界により近いと見なされているからであろう。途上国が近代化へ導かれ、通過しなければならない諸段階を思い描きながら、必然的に生じる変化に対応し、それを吸収するために必要な時間を十分考慮に入れたとしても、現実の市場化と民主化の速度を調整する試みは、近代化のパラダイムが伝統社会から除去するはずであった〝古い〟余剰（封建的遺産とよばれる社会関係や価値）を抑制することすらできなかった。その当時の自由主義的社会科学がどのような善意をもっていたにしても、近代の約束事、つまり、資本主義的消費を生み出すための開発プログラムと、それによって変容するはずだった各地域の現実的事情とのあいだに横たわる格差を埋めることはできなかったし、それどころか格差の事実すら真剣に受けとめることに失敗していた。近代化の言説がなし遂げたことは、資本主義の問題を近代性とよばれる抽象的概念に、またその概念を実現するための過程の問題にすり替えてしまったことである。多くの理論が、資本主義ではなく、近代とはなにか、つまり、より効果的な社会統制に必要な前提としての自然制御能力の拡張、社会の差異化や専門化に導くような合理化をどのようになし遂げられるかという問題の解明に、そのエネルギーを注いだ――いったい誰がそのような政策を決定し、誰のための合理性なのかがまったく問われないままに。

ウォーラーステインは、戦後世界が本来の意味での偉大な成功ではなく、利潤によって支配された世界であることを早いうちから見抜いていた。〝成功〟が、利潤を生み出す合理的法則と近代化過程の標準をみたすこととして理解されるや否や、社会科学は、本来おなじ尺度で測ることのできない複雑な社会的・歴史的事態を比較研究することこそ、新しい研究の規範であると主張しはじめた。この〝成功〟の理解の仕方は、発展の不均等という状況をまったく考慮に入れていないことはいうまでもない。つまり、世界に存在する途方もない格差は、資本主義が多様な歴史的差異（世界に存在する社会的・経済的・文化的に多様な生活の在り方）を呑みこみながら拡張しつづける結果生まれる現象であるばかりでなく、資本の継続的な再生産のために必要な条件として機能しているのだ。新生国民の近代化の努力を無効にし、約束された地に永遠に到達できなくしてしまったのは、彼らが目的と手段という打算的な合理性をうまく行使できなかったからではなく、資本主義が自己の拡張のために不均等を必要とした結果だった。このように、近代化のパラダイムは、各社会が〝近代的〟になるために必要とされる項目をどのようにみたすことができるのか、という〝普遍的な〟指標を提供しながら、資本主義の運動とその歴史的性質を覆い隠してしまった。そして、不均等が生み出すすさまじい貧富の格差という世界的様相は、進歩という四方に広がる網の目のなかで各々の社会がどこに位置するのかを指ししめす地政学として読みかえられていった。こうして近代化のパラダイムは、冷戦と密接なつながりを深めながら、合理性と利潤の福音を世界に広げようとしたのである。そして、それは冷戦後も、合理性への信奉を放棄するどころか、まったく純粋形式的な合理性へと立場を変えながら、みずからのイデオロギー的核心を強化していった。唯一の大きな変化は、冷戦時代に中心を占めていた文化、社会、歴史への関心、つまり歴史的・文化的に生み出された諸価値やその差異の比較研究の視点が、徐々に退いていったことだろう。したがって冷戦後に強調された唯一の近代化の指標とは、合理的な計算と予測にもとづいてなされた選択や決断、あるいはそのような予測が正確になされたか否かをめぐる評価であった。このような状況のもと、意味ある比較とは、成功か失敗か、利益の増幅か減少かのちがいに注目することであり、この普遍化された合理性にもとづく比較は、資本主義に〝統合〟された世界ではどこでも可能なものと見なされていったのである。

この章をおえるまえに、わたしはつぎのことを指摘しておきたい。たしかに社会変化の理論としての近代化論は、ソ連の崩壊と冷戦競争の終焉とともに消え去ったが、新しい装いを身にまとい、ふたたびその姿をあらわしたということである。その装いとは、人類がつねに夢見てきた祝福されるべき合理的な世界がついに新しい帝国主義（アメリカ帝国主義）のもと出現したという幻想であり、この（グローバリゼーションとよばれる）ユートピアの出現は、アメリカ帝国が過去のさまざまな帝国の経験から、多くの有益な教訓を学びとった結果であるとする虚偽にみちた歴史像である。わたしたちがこの新しい帝国の出現を特定する作業に入るまえに、現代史の流れのなかであらわれた〝帝国的転回〟ともよぶべき事態を説明しておく必要があるだろう。

II　帝国を語る

9・11のテロ以降、アメリカの世界的な介入について語る新聞、テレビの解説番組、またドラマ番組でさえも〝帝国〟という言葉をますます使うのを目にする今、帝国主義の復活をめぐる言説は加速してきているように思える。ニューヨークの世界貿易センターの衝撃的な破壊以前から、アメリカの帝国的野心について語る批評家や評論家はいたが、近年さかんになっている帝国主義論は、これまでとはちがった様相を呈している。帝国・帝国主義という言葉は、9・11以降の時代状況に限定されない多様な現象を語るのに使われることが多く、従来の歴史叙述や、昨今の政治や学問をめぐる見解のなかで目にすることが多い。わたしの知るかぎりでは、帝国・帝国主義はさすがに新しい香水の名前に使われることはないにしても、新聞、テレビをはじめ宣伝、広告にさえ溢れかえる流行語となった。この言葉の氾濫は、抑圧されたものの回帰、つまり、政治的・文化的な無意識の奥底にずっと押しやられ、名もなきものとして密かに潜伏しつづけたものが、その存在を知らしめるために炸裂寸前にきている状態を想起させる。それほど昔のできごとでないにしても、ほとんど忘れられた湾岸戦争（一九九〇‐九一年）では、政治解説者・分析家がクウェートの油田をまもるためにはじめられたアメリカの軍事介入に言及しながら帝国主義という言葉を使ったことはまったくなかった。アメリカ軍は、イラクの抑圧からクウェートの君主制民主主義を救うために動員されたというおなじみの言いがかりを繰り返すだけだった。

驚くにあたらないのは、民主化という命題をアピールすることが、イラクとアフガニスタンに対するアメリカの真の意図、つまり中近東地域全体を構造的につくり変えることを正当化するのにふたたび使われていることだ。しかし、この命題がしめすイデオロギー的立場こそ、冷戦時代に開発のプログラムが必要だと唱えた心情——開発は中立をたもとうとした新興国への援助や支援をとおして実行されていった——と合致するものである。開発推進の表立った目標は、資本主義的経済発展と政治的民主主義を必然的な一対のペアをなすものとしてつなぎ合わせることであり、開発それ自体の使命は、戦後アメリカの社会科学がつくりあげた精巧な近代化の理論を忠実に反映させることであった。あのベトナム戦争が明らかにしたように、軍事力行使の意志は、この使命を実現したい欲求や近代化のパラダイムの〝帝国的〟性向と緊密につながっていた。この歴史的展開はあとで具体的に論じることにして、もうすこし現代の帝国主義と帝国をめぐる議論について考察してみよう。

帝国主義とアメリカ帝国への関心が、9・11のテロリストたちを生み出した社会を破滅させることを狙ったアフガニスタン侵攻を発端として再燃したことは疑いない。その後おこなわれたブッシュ政権による煽動は、アメリカ国民を熱狂的で愛国的な感情へ、また〝安全保障〟の緊急事態とよばれた病的興奮へと駆り立て、おわりなき〝テロリズムとの戦い〟への行動を惜しみなく支持するように世論に訴えかけた。この煽動は、二〇〇三年三月のイラク侵略からすでにはじまっていた。これらの新しい軍事的冒険主義、国内でおこった反戦運動、またG8の同盟国からの反発などを吟味すれば、アメリカの一連の戦闘行為を帝国的野心のあらわれと判断することは、まったく正当なことだろう。左派リベラルが、ワシントンが計画してきたこれらの世界戦略を帝国主義と名指すことをためらっているにしても（同様の臆病さが、アフガニスタンとイラクへの軍事介入、またアメリカ国内で〝日常生活の軍事化〟とよばれるようになった現象——諜報活動や個人情報の違法な獲得——を正当化する政治的なあり方が〝ファシズム〟であると言い切れない状況を生み出している）、ブッシュ政権とその支持者たちは、皮肉にも、アメリカの行動を帝国主義とよぶことになんの違和感も抱いていない。

早くも二〇〇一年一一月、リチャード・ハース（現在〔二〇〇四年時点〕外交問題評議会の議長をつとめ、ブッシュ・ジュニアのもとでアメリカ合衆国国務長官に選ばれる予定）は今となっては悪名高い『帝国アメリカ』という文書を発表した。そこで、彼は冷戦後の時代に世界的頂点に立つためにアメリカがなさねばならないことの大要を述べている。新しい覇権を築くために、アメリカは「旧来の国民国家から〝帝国的強国〟へとその役割を構想しなおさなければならない」。ハースは、アメリカの新しい世界的使命を語るとき、〝帝国主義〟という言葉を意図的に避けている。それは、帝国的強国と帝国主義のちがいを強調するためで、前者は領土的野心をもたず経済的搾取をおこなわない立場を指していると主張した。ハースは、アメリカの新しい帝国的ありかたに言及しながら、日露戦争（一九〇四－〇五年）後の日本帝国、つまり諸外国が「慈悲ぶかい帝国主義」とよんだ朝鮮半島の抑圧的統合と植民地化を思い描いていたのかもしれない。ハースと彼に共感する人たちは、帝国アメリカは植民地をもたない、あるいは、マイケル・ハートやアントニオ・ネグリのいうあの実態のない帝国——この首なしの帝国は帝国の回帰の出現とともにあらわれた！——を代表していると主張していた。ハースはいう——

アメリカ合衆国の役割は、一九世紀の大英帝国に似ている。威圧と武力行使は最後の手段である。ジョン・ギャラガー[*1]とロナルド・ロビンソン[*2]が五〇年まえに大英帝国について語った「イギリスの政策は、もし可能ならば非公式に、必要ならば公式に統治を拡大するという原理に即しておこなわれた」という含蓄こそ新世紀の幕開けにあたってアメリカが果たす役割をしめしている。

ハースも見抜いていたように、アメリカが直面する現実の問題は、それが持ってしまった「過剰な力と、それによってアメリカにもたらされる多大な利益をどのように使うのか」ということへの不安であった。過剰とは、世界の軍事力の一方的な独占（四〇パーセント）、アメリカのつぎにつづく八カ国の軍事費を合わせたものと同等の軍事力を所有することへの

＊1　John Gallagher. 一九一九－一九八〇。オクスフォード大学とケンブリッジ大学で大英帝国史を教えた。大英帝国の統治形態を「公式帝国」「非公式帝国」の区別をもって分析したことで有名。

＊2　Ronald Robinson. 一九二〇－一九九九。オクスフォード大学で大英帝国史を教える。ガラガーと共著の *Africa and the Victorians: The Official Mind of Imperialism* は、古典的著作と見なされる。

異常な執着を指す。ハースは一九世紀の大英帝国にくらべても、アメリカの軍事力がはるかに勝っていること、イギリスの植民地国におけるわずかな戦闘力にくらべれば、はるかに強力であるということを熟知していたのだろう。しかし、彼や彼と見解をともにする人たちは、この圧倒的な軍事的優勢は、領土の収奪や敵国を倒すために構想されたものではなく（敵国ソ連はすでに消え去った）、また古い帝国がしたような交易ルートの支配を目指すものでもないと主張するのである。しかし、その内実は、威圧や領土的拡張の野心はともなわないものの、必要とあれば圧倒的な力を発揮し、二、三の戦線を同時に維持できるほどの軍事能力の常備である。ただ、ハースたちにとって厄介な問題は、この圧倒的な軍事力の目的とするものが明確にされていないということである。アメリカ帝国を「正常化」（正当化）するために大英帝国の歴史的アナロジーを持ち出すことは、帝国をめぐる近年の議論を支える修辞的装置となっている。ハースが大英帝国を引き合いに出すその語りは、『ニューヨーク・タイムズ』の紙面を大いに賑わせている帝国をめぐる論説――この新聞はこのところ〝掲載に値するあらゆるニュース〟を読者に伝える責務を放棄し、国家の積極的な代弁者として機能しているようだ――の常套句となってしまった。本紙は読者に、アメリカ帝国の台頭は必然であり、世界に民主主義を広めるためにどのような犠牲をはらってでも経済開発を推し進めるべきだ、というイデオロギーを売りこもうとしている。外交問題評議会の一員であるマックス・ブート[*1]のような右派宣伝者やニーアル・ファーガソンなどのイデオローグたちは、アメリカの覇権はイギリスをモデルに簡単になし遂げられるというハースの議論を猿真似しているにすぎない。

ハースの、アメリカ帝国は武力行使への欲求も領土獲得の野心も持ち合わせていないという主張は、彼の信奉するモデルからの逸脱を意味する。つまり一八世紀以降、大英帝国が生み出した歴史からの逸脱である。そして、それはまた、第二次世界大戦以後、アメリカがとってきた覇権的行動のパターンからの出発でもあった。ハースが、アメリカは武力行使の意志をもたないと宣言するとき、武力行使にいたる条件はあいまいなままになり、じつはそのような可能性がいつでも存在することを匂わせている。つまりハースは、アメリカ帝国の必要性を強調すること以外は、なんの説明もいらないという立場をとっているのだ。それは、ニコス・プーランツァス[*2]が、マックス・ホルクハイマー[*3]にならって「帝国主義を議論する意

＊1　Max Boot. 一九六九－。「アメリカの理想を広げるためのアメリカの優勢」を唱える。

＊2　Nikos Poulantzas. 一九三六－一九七九。政治学者、マルクス主義者、ギリシア共産党員。おもな著書に『資本主義国家の構造』がある。

志のないものは、ファシズムについてなにも語るべきではない」といったことを想起させる。つまり、これを言い換えれば、帝国主義を語るものはファシズムについて語らざるをえない。ハースのような人たちがつくりあげたアメリカ帝国のビジョン（強いアメリカの道徳的使命を前提とすることによって、その帝国的性質を覆い隠す）は、目にみえない道徳的世界、つまりシュテファン・ゲオルゲが神秘主義的に語った「隠れたドイツ」と、ハート／ネグリの匿名の首なしマルティテュードを混ぜ合わせてつくったようなものだ。全世界を統治しながら、その軍事的・政治的性格を道徳的衣で覆い隠し、世界の民意の反映のようにふるまう怪物である。ハースが心から心配していたことは、アメリカがなんの手も打たずに、自己利益を反映する世界をつくりあげる絶好の機会を逸してしまうことであった。前代未聞の軍事力を基礎に、世界の経済的支配と〝民主化〟を推進することこそが、アメリカ、いや世界全体の最大の利益につながるという議論は、トニー・ブレアの支持者であったロバート・クーパー[*1]が唱えた帝国主義論を踏襲するものであった。それは、帝国の世界支配に道徳的・文化的目的をあたえた一九世紀の文明論を焼きなおしたにすぎない。クーパーは、一九世紀に支配的であった文明国、半文明国、野蛮国の区別をポストモダン、モダン、プレモダンという二〇世紀的な言葉に置き換え、ポストモダンに文明の体現者を演じさせているのだ。その中身は、世界じゅうのすべての国を、アメリカが規定する普遍的規範と人道主義に直接的・間接的にしたがわせるというものである。この言説は、一昔まえの文明対野蛮の二項対立に依拠しながら、過去の遺物である帝国のイディオムを反映しているために、もうすこし〝穏便〟になったわれわれの時代が、「政治的誤謬」（political incorrectness）とよぶものを背負いこむ危険を冒しているともいえよう。

クーパーが文明対非文明を、モダン対非モダンと言い換えたことは、冷戦時代のアメリカが容赦なく追い求めた自由主義的道徳の使命――中立国を民主主義と資本主義の陣営に引きずりこむために近代化しようとしたそれ――と呼応している。ハースがもっとも重要な利権の追求とよんだものを思い起こせば、近代化のプログラムが、アメリカの経済的利益を世界の発展に欠かすことのできないものとして売りこむことに心血を注いできたことがわかるだろう。この近代化の捉え方こそが、冷戦がなぜアメリカで重層決定的にみえるのか、つまりなぜ、冷戦下にあって発展という概念が、アメリカが世界――とくに冷戦の裏で熱い戦争が

＊3　Max Horkheimer. 一八九五－一九七三。フランクフルト学派を代表する哲学者、社会学者。
＊1　Robert Cooper. 一九四七－。イギリスの外交官。「新自由帝国主義」の提唱者で、ブレアに影響をあたえたといわれている。

頻繁におこなわれてきたユーロ＝アメリカ圏外の国々――にむけて発した道義的・経済的・戦略的モデルにみえたのかを説明している。近代化論の信奉者であったサミュエル・ハンティントンは、近代化プログラムをおなじみの「文明の衝突」（西洋対非西洋）として捉えていたし、東京都知事をつとめた（一九九九－二〇一三年）石原慎太郎は、この新しいアメリカ帝国形成のなかで、日本を近代化の価値と利権を死守する責務を負う東の雄として位置づけていた。ハンティントンのいう文明の衝突とは、アメリカを西洋の代理人、つまり来るべき文明の衝突における西洋の守護者と定義することで、すでに効力を失った冷戦の反共産主義の熱狂を別のかたちで維持しようとしているのだ。一方、石原は、かれが東アジアの秩序と日本の利益を脅かす敵と見なす国々――とくに中国や北朝鮮のような第三世界諸国――を「第三国」とよび、彼らとの対立を煽り立てている。石原は、『「NO」と言える日本』で反米主義者というレッテルを貼られたが、彼の教条的ともいえる「反共ナショナリズム」はアメリカ帝国の利益と一致している（もちろん、彼の「行きすぎた言動」は、アメリカにとって彼が両刃の剣であることを物語っている）。この二人の見識は、まったく非合理的で煽情的であるようにみえるけれども、アメリカ軍が全エネルギーを注いで達成しようとしている使命と合致する。アメリカにとってテロリズムへの宣戦布告は、近代文明の名の下に、昔からおこなわれてきた未開発と野蛮との戦いの継続でしかない。実際、ハンティントンの立場は、最近『ネーション』誌でウィリアム・グライダー[*1]が述べたように、異なる〝見出し〟で冷戦を焼きなおしているにすぎない。

アーヴィング・クリストル[*2]――一九四〇年代にニューヨーク市立大学で学んだときにほんの短期間経験した左翼運動をもとに、保守的立場からアメリカ自由主義の危機を一生涯語りつづけた――は、アメリカが帝国的な国となったのは、世界からそのように期待されたからだというまったく驚嘆すべき考えを述べている（この種の議論は、近年巷にあふれている）。クリストルが数年まえに言い放ったように、彼からすれば、「世界がそれを望んでいたのであり、それを必要としていた」のだ。この〝神からのお告げ〟は、アメリカの介入によって簡単に片づく比較的小規模な紛争の結果としてあらわれた歴史的必然である、とクリストルはまじめに信じているようだ。カナダの政治解説者・歴史家であるマイケル・イグナティエフ[*3]も、最近の著作のなかで、アメリカを「帝国まがい」とよぶ一方、現在のアメリカの世界

＊1　William Greider. 一九五八－。アメリカのジャーナリスト。
＊2　Irving Kristol. 一九二〇－二〇〇九。アメリカの保守的コラムニスト。二〇〇二年、ブッシュ・ジュニアからアメリカ市民の最大の栄誉とされる「自由の勲章（Medal of Freedom）」をあたえられた。

規模での介入を論じる上では、帝国という言葉がもっとも適しているだろうと述べている。トーマス・フリードマン*4は、比喩を使うことで知られているが、アメリカの帝国主義的なふるまいやそれが推し進めてきた旧来の近代化を「グローバリゼーション」という流行りの言葉に置き換えてきた。アンドルー・ベイスヴィッチ*5は疑いなく保守的知識人の一人だが、アメリカ帝国の道義的理解を心から信じ、そこにあからさまな自己利益をみることを嫌うために、帝国主義という言葉を極力避けている。右派知識人たちのリストの最後にあらわれるべき人物は、リチャード・パール*6であり、彼は「テロとの戦い」を指して「総力戦」「無期限の戦争」という表現を使っている。「総力戦」という言葉が最後に使われたのは、日本人が中国大陸や東南アジア諸国で、帝国の建設に勤しんでいたときである。しかし、日本人がはっきりと見せつけたことは、総力戦という考えは、いわゆる大東亜共栄圏——帝国の別名——での経済領域の支配を確実にするために、国内で総動員体制を敷き、戦争の事態を無期限に拡張することだった。まさにこれこそ、プーランツァスがホルクハイマーを捩って言ったことの意味〔帝国を語ることは、ファシズムを語ることである〕であり、それは恐ろしいほど現在のアメリカの実情を言い当てている。さらに、わたしたちはつぎの事実も知っている。日本の太平洋戦争やアメリカのイラク戦争がしめすとおり、〝全体〟とか〝無期限〟の戦争は、じつは、一方的に軍事力を行使する準備と意志を指しているのだと。この帝国の回帰が要求していることは、歴史的文脈のなかでそれを捉えなおし、現状に即してその意味を再考することである。

帝国主義の意味すること、そして、それへの新たな覚醒

わたしたちは、現代のできごとだけに目を奪われないように気をつけよう。目先にとらわれた視点は、じつは目のまえのできごとをより長い射程で理解する歴史的観点を犠牲にし、できごとの連鎖を見えなくしてしまう。近視眼的なものの見方は、それ自体が、冷戦をどのように理解するかによって規定されてきた。アメリカの帝国的役割をめぐる現在の議論は、

＊3　Michael Ignatieff. 一九四七－。カナダの政治家、歴史家。カナダ自由党の指導者的存在で、カナダ、イギリス、アメリカの大学・大学院で歴史学を教える。
＊4　Thomas Friedman. 一九五三－。アメリカのコラムニスト。
＊5　Andrew Bacevich. 一九四七－。ボストン大学教授、国際関係専攻。
＊6　Richard Perle. 一九四一－。アメリカの保守的政治論客、政治家（共和党）、ロビイスト。レーガンとブッシュ（シニア）時代に政治に深くかかわり、防衛問題で指導的立場にあった。

現代史をよりひろい文脈のなかに位置づけるのに役立つ視点ではなく、目先の政治的状況に振りまわされる傾向にあるように思う。近年の帝国の意味をめぐる論争には、われわれを取り囲む政治的環境から生まれた立場と、それに縛られない立場とを見てとれるだろう。どちらの議論も、帝国的活動とそれがもった広範な意義を分析しようとした一昔まえの試みを思い起こさせる。まず、マルクスの回帰、つまり資本の構造的「機能障害」を明確にしようという最近まで忘れ去られていた問題の再浮上であり、第二に、帝国の歴史的経験がどのように旧植民地国にとって想像以上に利益をもたらす結果となったのかという、古くて新しいいわゆる歴史主義者（進歩主義者）たちの議論である。この第二の議論こそが、現在のアメリカ帝国主義の展開を直接的また間接的に支える力となっている。この問題についてはさらに突っこんで議論するつもりだが、ここで主張しておきたいことは、その歴史主義的主張は、昔の帝国主義や植民地主義の意図を正しいとするランケ流の確信と、ヘーゲルの「理性の狡知」による権威的な確証とを融合させているということだ。それをもっとも露骨に実践しているニーアル・ファーガソンにとって、「べきである」ことと「である」ことは同一であり、反実証的な「もし〜だったら、どうなっていただろう」という夢想への過大な自信に裏づけられた実証主義である。いずれにしろ、これは、劣悪な歴史主義である。

しかし、現代のアメリカの帝国的言動を歴史的に説明しようとするいずれの試み（マルクスおよび歴史主義的解釈）も、帝国の動きの意味を探ろうとするあまり、批判的検証はおろかその足跡を追いまわす影のようなものになっている。ハートとネグリの『帝国』は、まさにそれを象徴している。つまり、『帝国』はその意図に反して、このふたつの立場を満足させようとしながら、行ったり来たりする回転ドアのような役割を演じてしまっているのだ。現代の帝国主義へと導いた資本の構造的機能障害を説明したいというマルクス的解釈に訴えかけながらも、従来のマルクス的解釈から切り離された、それとは異なる帝国の理解、つまり、経済を政治に置き換えながら議論の焦点を主権の問題（フーコー的な「統治管理」への関心）へとすり替え、革命モデルを進化モデルに書き換えてしまっているのだ。ハートとネグリは、「グローバリゼーション」が、アメリカまたは他のいかなる国も「帝国的プロジェクトの中心を形成」できないほど国民国家の力を弱めていると論じることで、古い近代化論を呼び戻している。さらに、『帝国』は古き良き帝国主義とそれが長期的にもたらした利益を歴史主義の視点から積極的に再発見することで、帝国の在り方に新たな命を吹きこみ、アメリカは帝国と見なされずにすんでしまった。

ハートとネグリの帝国の概念はカール・カウツキーの「超帝国主義」と類似しているよう

にもみえるが、一方で、その内容は、国民国家を統合する国連的な構成体を想起させるものだ。さらに『帝国』は、驚くほどの歴史と歴史主義——いいものも悪いものも含めて——への鈍感さ、無頓着さ——ネオ＝マルクス主義への不可解な盲目さも含めて——を政治論客たちと共有している。『帝国』のプログラムは、歴史的現状からかけ離れているばかりでなく、グローバリゼーションによって顔をもたない帝国的権力配備がすでにあると言い切ることで、ずいぶん昔に葬られたとされる近代化理論の目的をあらたなレベル——商品関係の世界的完結——に押し上げ、再生してしまった。

しかし、ハートとネグリの著作は、マルクス主義者たちのあいだで共有されていた帝国と帝国形成をめぐる関心、つまりメタ理論のレベルでの帝国主義論の再構築を目指していた。帝国主義をめぐるマルクス主義理論は、かつて帝国論の言説の中心であったことを思い起こしてみよう。一九八九年にベルリンの壁が崩壊するころまでには、東ヨーロッパの「実在する社会主義」も消え失せ、マルクス主義者の帝国主義論もまたその使命をおえたようにみえた。マルクス主義の長い歴史をとおして、その分析様式は、近代化論が推し進めた主張に対してあいまいな態度をしめしてきたのであり、したがって、ふたつの矛盾する欲求——社会主義の功績に重点をおく立場と資本主義に〝追いつきたい〟という欲求——を明確に差別化できずに来てしまった。後者の感情は冷戦によって激化し、ブルジョア自由主義者のいう発展と近代化の約束が力をもつにつれ、さらに促進されていった。とくにこの動きは、生産と分配、技術応用の問題にのみ注目するマルクス主義分析を助長させ、他のマルクス主義者たちがおこなった資本主義的近代化の基礎となるカテゴリー批判、つまり商品形態とその結末をめぐる問題の分析は犠牲となっていった。換言すれば、マルクス主義者は一世紀以上も物象化の問題をたんなる上部構造・イデオロギーの問題として取りあつかうことで、それを社会の構成原理（マルクスが「根源的核」とよんだ）の問題として理解することに失敗してきたのである（もちろん例外的思想家は存在したが）。この思想的立場を原理として、党も労働組合も、資本主義の刷新と構造的不完全性の克服に貢献してきた。資本主義システムの周辺に位置するロシア、アフリカ、アジアにおいては、マルクスの思想は遅れた近代化をなし遂げるために援用された。伝統的マルクス主義者――レーニン主義者、社会民主主義者、学者、革命家、社会主義者、第三世界主義者――たちは、所得、商品、価値の再配分への闘争を助長することに時間を費やし、階級闘争を犠牲にしてきたのである。省みれば、伝統的マルクス主義者の理論的プログラムと、その実践のすべては、「実在する」社会主義国や西洋の産業国における社会民主主義も含めて、商品社会の発展に一部加担してきたといえるだろう。

資本主義の世界的危機とグローバリゼーション自体、資本主義が前進するための過渡的モメントにすぎず、マルクス主義それ自体の危機を意味していた。いずれにしろ、マルクス主義的帝国主義論は、資本主義のそれと競い合うなかで生まれた近代化論のひとつであることを直視しなければならないだろう。帝国主義の諸理論は、これらの歴史上の特定の相争う要求によって、構築されてきたものである。

これらの帝国主義論が、基本的には三つの立場、ローザ・ルクセンブルクが主張した原始的蓄積の役割、カウツキーの超帝国主義（帝国主義諸国が共同で世界を搾取する）、レーニンの帝国主義論（「資本主義の最後の段階」とする）に依拠して生み出されてきたことを想起しておく必要があるかもしれない。資本の蓄積と再生産を可能にするために領土的・帝国的拡張を必要とするという立場（ルクセンブルク）、帝国主義を平和にむけて移行する契機として位置づけ、「民族的」闘争と世界帝国形成への合意にむけて国家間でおこなわれる闘争を唱える立場（カウツキー）、そして、帝国主義を資本主義のさらなる矛盾が新たな形を身にまといながら世界的規模で展開し、世界紛争の新たな段階へと突入するとした立場（レーニン）のちがいは、歴史上さまざまな対立を生み出すことになった。しかしその一方で、そこに共通していたものは、「危機」「経済的激変」「矛盾」を考慮にいれた歴史認識と時代区分の仕方であり、その中心に大規模な構造的決定要因を位置づけていることだった。これらの帝国主義の理論化においては、国家の役割は帝国主義の発展にとって比較的重要ではなく、資本主義的生産様式の原理である不均等の再生産こそが決定的な意味をもつとされていた。一九九〇年代の世界的激動は（フランシス・フクヤマの予想に反して）、歴史はけっして終焉しないことを証明し、またマルクス主義者たちをふたたび帝国主義の問題へと向かわせた。マルクス主義者たちの構造的思考やそれにともなう前提、つまり、おもな経済的矛盾が資本主義体制を解体させるという理論が、ふたたび日の目をみることになる。しかし、彼らはまた、構造的内破の分析に加えて、資本主義における国民国家の輪郭、つまり、国際化をうながす国民国家がはたす経済的役割を思考しはじめていた。デヴィッド・ハーヴェイ[*1]などは、不均等な地理的発展とルクセンブルクの原始的蓄積論を更新するかたちで「収奪による蓄積」をとおして進められる資本主義の再生産を説明しようとしている。

近年のマルクス主義者による再評価で重要なことは、構造的因果関係とその時代区分に重

＊1　David Harvey. 一九三五－。ジョンズ・ホプキンズ大学でマルクス主義の立場から地理学を教えた。批判的地理学の第一人者。主著に『ポストモダニティの条件』や『新自由主義――その歴史的展開と現在』などがある。

点をおいた議論であろう。たとえば、ピーター・ゴワン[*1]は、過去二五年のあいだに大きく見直され運用されてきた国際通貨・金融関係のあり方（つまり金融の大幅な自由化）を「ワシントンのファウスト的」な賭け（あの悪魔に魂を売り渡すファウストのように）とよび、それを大胆でグローバルなギャンブルと分析している。しかも、この国際金融体制の再設計は、アメリカの経済的支配と武力外交の道具として役立つ特定の政治的選択――グローバリゼーションをアメリカの「国家政策へ依存させる」――と経済体制の建設をうながす結果となった。「ドル・ウォールストリート体制」という官民一体（政府の経済機関とウォールストリートが一体となってグローバリゼーションを推し進める）の体制は、一九七〇年代にニクソンがブレトン・ウッズ体制の合意を放棄し、他の貨幣に対してドルを変動させ、サウジアラビア人に石油の値段を釣り上げさせたことにその起源をもつ。レオ・パニッチ[*2]とサム・ギンディン[*3]たちは、「アメリカの非公式の帝国」を生み出した要因を探るためには、帝国主義をめぐる新しいマルクス主義理論――古びた段階論や帝国間の競争に説明をもとめるあり方を乗り越える分析方法――をつくらなければならないとしている。とくに、この新しい理論化は、ニコス・プーランツァスの議論を思い起こさせるのだが、帝国国家は、敵対相手をみずからの「帝国的鎖」のなかに組みこませ、資本主義的社会関係をあらゆるところに浸透させるグローバリゼーションの過程を管理する力をもつと主張する。実際、国家のこの種の戦略は、冷戦期の近代化論が煽動した発展への願望と同類の作用を生み出しているといえるだろう。しかし、この古い願望の再現にみられる国家の歴史は、「海外直接投資」のような装置にあらわれた新自由主義的再編成のなかで、過去の遺物として理解されている。パニッチとギンディンは、ゴワンと同様、新自由主義への決定的な転換は、連邦準備制度が金融引き締めをおこなうために前代未聞の高金利を設定し、連邦政府が自己規制を厳しくおこなった、いわゆる「ボルカーショック」（一九七九年）に端を発しているとする。エレン・M・ウッド[*4]にしたがえば、新しい帝国アメリカは、歴史的帝国主義の脈絡のなかで理解されなければならないのはもちろん、いくつもの国家によって維持されている構造的矛盾をもった世界経済によって特徴づけられている。さらにそれは、帝国的拡張をまったく新しい仕方でおこなうた

＊1　Peter Gowan. 一九四六－二〇〇九。ロンドン・メトロポリタン大学で国際関係論を教え、*"New Left Review"* の編集長でもあった。
＊2　Leo Panitch. 一九四五－。カナダのヨーク大学で教鞭をとる政治学者。
＊3　Sam Gindin. 労働運動活動家、ヨーク大学。『アメリカ帝国主義と金融』（パニッチと共著）。
＊4　Ellen M. Wood. 一九四二－。ヨーク大学の政治学者で、マルクス主義理論と歴史を教えた。

めに、軍事力という経済外要因――ウッドが「余剰帝国主義」とよぶ――を必要としているのだ。

デヴィッド・ハーヴェイの「新帝国主義」にかんする近著によれば、資本蓄積の危機の循環(繰り返し起こる労働力と資本の余剰)に目をむけ、余剰は一時的には彼が「空間的調整」とよんだ地理的な拡張により解決をみたかのように思われたが、一九七〇年代以降、それは別の要因、つまり過剰生産から生じはじめている。この文脈で、ピーター・ゴワンはおなじ時期をとらえて、アメリカが資本主義の不安定性を統制しようとするのは、みずからの覇権を必死に固持するための取り組みであり、ウッドにしたがえば、二〇世紀末の二、三〇年間に軍事力を独占しようとしたアメリカの強迫観念もそのあらわれである。ハーヴェイは、領土の獲得ではなく、金融資本の秩序に依拠しながら帝国主義を動かし加速させる戦略を、ルクセンブルクの原始的蓄積の概念を踏襲しながら「横領による蓄積」とよんでいる。「横領による蓄積」は、なによりも、資本主義システムの外でおこなわれる人を食い物にする〝盗み〟を意味しているのであり、すでにアメリカでおこなわれている詐欺的行為――社会に暗い影を投げかけている目にあまる不平等を、さらに深刻化させているもの――に似ている。カジノ資本主義、ポンジ・スキーム(出資金詐欺)やピラミッド・スカム(ネズミ講)、そして忘れてならないのは各州が定期的におこなう宝くじなどがそれである（宝くじは貯蓄貸付組合（S&L）の盗みや大企業の汚職とはまた別の問題だ）。このようによく知られた多種多様な詐欺行為は、蓄積の繰り返される危機を解決しようという取り組みのなかで、帝国主義を焚きつけ、アメリカ経済を牛耳る者たちによって使われてきた。それは世界的な規模では、より深刻な不公平をもたらす結果となった。しかし、ハーヴェイは、他の著者同様、資本主義が最終的に行きづまって自己崩壊する段階を積み重ねてきているという言説から完全に距離をおかず、国家はいずれ消えてなくなるだろうという妄想を捨てきれていない。重要なのは、近年の帝国をめぐるマルクス主義理論もまた、歴史が段階的に進み、いずれ必然的に破滅へと向かうという考え方に依存していることを認識することだ。この見方は、一九七〇年代に現在の危機がはじまり、その一〇年が資本主義の再編成にとって決定的な分岐点になったという論拠にもとづいている。それは、アメリカが考える冷戦の時間的区分のなかにきれいに収まる考え方であり、これを疑う者は、論者のなかに一人もいない。

このようなコンセンサスは、ある意味では、冷戦の捉え方そのものによって成立しているといっていい。つまり、〝西洋の興隆〟という発想をまもろうとするイデオロギー的歴史観と密接につながっている。わたしがここで議論しようとしていることは、歴史は段階をへながら必然的に進んでいくとする時間的配列が、じつは国民国家（とくに西洋のそれ）という概念にふかく関わっているということだ。進歩の時間軸は、民族的主体と統一性を前提として成立するカテゴリーであり、民族を飛び越して拡張しつづける資本主義そのものとは関係ないと見なされがちである。そして、この民族的主体の中心にあるとされるのが〝西洋〟であり、〝その他〟（アジア、アフリカ、ラテンアメリカ）は西洋になりきれない未熟児のようなものとされる。この西洋中心の世界観は、つねに冷戦戦略の核心をなしていた。それは、アジア、アフリカ、ラテンアメリカ諸国を民族的主体が欠如している場としながら、それを熱い戦争の地へと編成していったのである。まさにこの血なまぐさい代理戦争の裏舞台があってこそ、冷戦というカテゴリーは存在できたのであり、その実在（戦闘に従事しない心理戦）の様相を維持しつづけることができたのだ。西洋諸国で血を流すことのない〝冷たい〟戦争が語られ遂行されるなか、その裏舞台ではテロと無差別の暴力が〝非西洋〟社会を覆いつくしていた。つまり、南半球での流血の事態が、北半球での無血の戦いを可能にしていたといえる。たしかに、9・11とアメリカ国家の冒険主義は、マルクス主義者を今起こりつつある帝国形成の分析へと向かわせたし、彼らがおこなった構造的分析や時代区分は、第二次大戦直後の歴史的展開を無視するような近視眼的な分析を克服する役割を果たした。さらに、このような視野の狭い分析には、起源を探ろうとする歴史家のフェティッシュな態度への抵抗もなければ、冷戦というカテゴリーそのものの批判的な検証もなかった。冷戦というカテゴリーは、大国による経済的利益の追求を人道的・道徳的言葉で意義づけながら、まったく別の問題に見せかけ、帝国的衝動の形成期であった歴史的瞬間からわれわれの目を背けさせる役割を果たしてきた。この歴史的近視眼を穴埋めするために、脱植民地化した社会にとって帝国主義の遺産が意味することを考え、また現代のアメリカ帝国を考えなおす契機として、歴史的帝国主義をふかく理解しようという動きが、今はじまろうとしている。

近年の歴史的状況が、マルクス主義者たちを新しい帝国主義批判へと導いたのと時をおなじくして、きわめて保守的な立場から、帝国主義が旧植民地社会にあたえた歴史的影響とその遺産を積極的に評価しようとする動きがあらわれた。この保守的立場が意図するところは、帝国主義と植民地主義はたしかにアジアとアフリカに広範にわたって災いをもたらしたが、その遺産（政治や経済面でのインフラ）が脱植民地後において新しい国民国家の形成（近代化）に役立ったことで、すでに前世紀の不幸な時代は乗り越えたのだという主張である。帝国と植民地支配の遺産を脱植民地以後の観点から再考する新たな努力は、すでに9・11以前からはじまっていたのだが、それは近年の一連のできごとによってさらに活発化した。その新しい研究の成果は、マスメディアで日常的に語られ、一般常識になりつつある。この新しい歴史学は、帝国主義と植民地主義がアフリカとアジアにふかく残した抑圧と搾取の傷跡――政治経済生活と文化の根本的な破壊――を認めながらも、新しい政治機構（つまり、政治的安定をもたらすシステム）――「統治可能性」――と、のちに新興国の発展に役立つことになった計り知れない発展的効果（経済機構がもたらした〝近代文明の恩恵〟）との積極的な意味を救い出そうとする（かつてロラン・バルトがマーガリン効果と呼んだ議論の組み立て方だ）。

冷戦初期、非同盟国のこころを勝ちとる戦いが米ソ両陣営のあいだで過熱するなか、インドの〝民主主義〟はイギリス植民地の遺産であるという主張が主流を占めた。同時に、日本の戦前の帝国国家すら、政治的合理性のモデルと見なされ、朝鮮や台湾のような植民地に確固たる近代的基盤を築いたと論じられた。実際、この議論をもっとも早いうちから説得力をもって展開していたのは、戦後の朝鮮や台湾の〝奇跡的な〟発展を旧日本帝国の植民地支配の遺産として論じた社会科学者と歴史家たちである。彼らは、日本の植民地政府によって築かれたインフラと日本資本の直接投資のおかげで、この〝奇跡的〟近代化は可能となったと主張した。

このような帝国とその遺産をめぐる見解は、冷戦時代に社会科学者や歴史家が漸次的近代化の輝かしいお手本と見なし、新興国の発展の鑑として担ぎ上げた日本型モデルを念頭においていたことを強調しておきたい。（アメリカ人にとって）もっと身近な例としては、イギリスのような帝国を思い描いていただろう。大英帝国は、植民地に投資や法の支配の恩恵（治外法権を、文明化をうながす徳へとすり替えた！）を紹介し、さらに国民国家というカテゴリーそのもの（ブルジョア的価値の具現化として）を教示し促進するのに貢献したと考えられてきたからだ。こうして、近代化論あるいはコンヴァージェンス理論（社会が発展し生き残るには、充たさねばならない社会・経済的要因があり、それに成功すればどのような社会でも産業化を経験して近代社会へと変貌できるとする立場）とよばれた、より古い発展理論がよみがえった。近代化理論の復権は、ポストコロニアルの言説が切り拓いた新しい批判的地平——植民地支配の暴力性を徹底的に歴史化・理論化する試み——を封殺しようとする試みのあらわれである。〝西洋の優位〟をなんとしても固守しようとする保守主義者たちは、帝国はその発端から近代の未来像を読み解く先見性を持ち合わせていたのだと称賛してやまない。かつてのツァー・ロシア帝国、ハプスブルク帝国、オスマン帝国までもが、のちにあらわれた多文化主義をすでに先取りしていたものとして称揚される始末である。

この古くもあり新しくもある歴史学は、イラク戦争（二〇〇三－一一年）とアメリカの帝国的政策に力づけられながら、ポストコロニアル研究が語りなおそうとしている歴史的経験に敵意をあらわにする。ポストコロニアルの言説は、抑圧にみちた悲惨な植民地時代の遺産と、そこで支配された人びとがみずからの歴史的・文化的創造を主体的に認識する機会を奪われ、またそれを歴史として表現する可能性を否定された経験をふたたび語りなおそうとしている。そして、彼ら彼女らの経験は、主体と客体という関係、あるいは一方的な支配関係のなかで消極的に捉えられてきたこれまでのイメージに還元できないことを描き出そうとしている。支配された者たちは、抑圧のなかにあってもみずからの主体的立場を明確に語り、さまざまな闘争を企ててきたのだと。しかし、われわれを取りまく状況、つまり、近代化の普遍性を唱えた一昔まえの発展理論と、ポストコロニアル理論への反動の融合が、帝国主義をおおげさに評価する動きをつくりだしている。一九六〇－七〇年代、自由主義的な社会科学がヨーロッパ・アメリカ以外の社会のためと称して追求した社会変化の理論は、当時の近代化の政策と相まって、非同盟国を自由主義陣営に取りこむのに大きな役割を果たした。研究者たちは、民主主義と資本主義を一対の柱として売りこむ戦略に理論的立場から参加していた。彼らの議論をみればわかるように、資本主義という言葉はまれに使われるか、使われることがまったくなかった。その代わりに、民主主義や近代性という言葉が頻繁に語られ、近代化はそこにたどり着くために通らなければならない道筋だとされた。近代化論は、政治的・経済的な領域の根本的な再編成を強調する一方で、じつは、資本主義を近代化と呼び替えることで、政治的組織（国民国家）の形成と経済発展を導く合理的なリーダーシップを育成し、安定した資本主義的成長と市場拡張を目指していたのである。この意味で、近代化論は、資本主義の拡張を国家統治のための媒体としてみるよりも、国民国家を経済発展の動因として理解していた一昔まえのマルクス主義者の立場に似ていた。近代化論は、進化の法則にしたがう成長という考え方に鼓舞されながらも、進歩主義的な歴史観とは一線を画していた。過去の遺物や価値が、近代化の過程で重要な役割を果たすと信じたスペンサー主義に通じていたのである。近代化論者たちは、自分たちの分析に科学的権威をあたえようと、世界のあらゆる地域を研究対象にしたばかりでなく、それぞれの地域の差異（伝統的慣習や文化価値）に注目することで、比較分析の方法と基準をつくりあげていった。このようにして、近代化論は、複雑に錯綜する不均質で多様に生きられた時間からなる歴史像を棄て去り、無時間で単線的な構造的規則性と持続的な価値形態からなる歴史像——それは社会科学が長年おこなってきた分析方法であった——を継続し維持したのである。伝統や文化は、その構造的規則性をさまざまなかたちで表現する変数として意味をもった。つまり、近代化とは、歴史なき〝歴史〟の過程を意味したといえる。

冷戦がおわり、ソ連が競争から消え去ったことで、「民主主義」や「市場」が脅かされる——じつはアメリカの利益への挑戦を意味しているにすぎない——と思われるところでは、アメリカはどこへでも介入しながら、「世界の警察官」の役割を自任するにいたった。〝ほんとうの〟あるいは〝必然〟の敵を打ち負かすことで、人びとのこころを勝ち取る競争はおわりを告げ、それに代わって、自己利益を守るための予防措置である経済発展と、政治的安定を最大限に保障する民主主義とが、アメリカの戦略的基盤になっていった。この戦略は、最近のイラクの状況が物語るとおり、すでに独立主権を有する国に対しても容赦なく行使されている。アメリカがイラクに対しておこなった先制攻撃は、じつは、まったく成果を上げてこなかった「麻薬戦争」の戦略として使われてきたものであることは、驚くにあたらないだろう。アメリカは、冷戦の終盤になって、ソ連の影響からアフリカ、中南米、中近東、とくにアフガニスタンを引き離すために、代理人としてテロリスト・グループを支援し、彼らが生み出す恐怖と暴力をひそかに容認していた。このアプローチは、いまだに変わっていない。ブッシュ・シニアが、今〔二〇〇四年現在〕はアメリカの刑務所に入れられているパナマ人の独裁者ノリエガと奇妙な同盟関係をもち、国防長官をつとめるドナルド・ラムズフェルドが、かつてのアメリカの同志、サダム・フセインと握手している写真を思い起こすだけで十分だろう。

ポストコロニアルの言説とその制度化——最近は英文学部をちょっと覗けば、ポストコロニアル文学の専門家をみつけることができる——に対する反動は、徐々に高まりつつある。この反動の先頭に立つ者たちは、今となっては、追憶とノスタルジアの世界にしか存在しない植民地主義者たちのすばらしい貢献を証明したくてしかたがない。彼らは、植民地の「歴史的経験」は、独立後誇るべき「遺産」になったと主張する。近代化論に頼りながら、植民地統治は第三世界の近代化に大きな役割を果たしたのであり、その過程を支えた価値はいまだに有効であると執拗に強調することで、彼らはみずからの立場を築いてきた。初期の近代化論者は、近代化しつつある社会が経験する変化の速度に注目し、それを「伝統」と「近代」、「過去」と「現在」の二元論からなる継続的・進歩的時間の秩序として理解した。そして、ある伝統社会が進歩の時間の荒波のなかで生き残り近代化に成功したのは、それが持ち合わせている適応能力のおかげであると主張した。近年になって帝国論を論じはじめた者たちは、植民地時代の経験こそが、その社会が近代国民国家に生まれ変わるための重要な要であったとまで主張する。植民地があたかも植民支配の経験をとおして、すでに近代社会になっていたかのような論理である。アフガニスタンやイラクの民主化にむけた動きは、戦後の日本や西ドイツをアメリカナイズしようとした取り組みとおなじであり、それは、戦後からつづく近代化への衝動とも呼べる、アメリカのイデオロギー的立場のあらわれである。一昔まえとちがうのは、アメリカは冷戦の終焉以来、自国の国益を隠そうとしないことだ。仮想敵が不在になった今、軍事介入をしてでも世界を「民主化」しようとするアメリカの態度は、社会科学や近代化の比較研究などの学問的弁明さえも必要としていない。あえていうなら、シュペングラーの文明論、カール・シュミットやレオ・シュトラウスの民主制への不信感を適当に混ぜ合わせた論理がそこにある。実際、このところのワシントンは、(レオ・)シュトラウスが奏でる(新保守主義という)ワルツを口ずさみ、それをイラクとアフガニスタンの華やかな舞踏会の音楽として使っている。わたしたちの眼前で繰り広げられる政治的近代化とは、アメリカの帝国的野心を中心に世界を再構成――「貧困な」社会を世界市場に組みこみ、アメリカの商品を世界の隅々にまで浸透させる――するための手続きといえよう。しかも、植民地時代の〝プラス〟の遺産に訴えかけることで、植民地主義者がじつは利他的であったとし、それはアメリカが二一世紀の新しい帝国として踏襲すべき姿であると論を展開する。しかし、アメリカにとっての歴史的なモデルは、フランスでも、日本でも、オランダでも、オスマンでもなく、大英帝国であった。

さらに敷衍すれば、「冷戦」というカテゴリーは、国際関係論という言説と研究分野をつくる上で、決定的に重要な役割を果たした。とくに外交政策、民主主義、共産主義を論じるときに繰り返し使われた西と東、「現実主義」と「理想主義」の相克という見方は、冷戦を基調とした国際関係論がつくり出したものである。この見方は、じつは文明と野蛮、自己と他者といった一昔まえの二項対立を焼きなおし、新たな意味をあたえたにすぎない。この認識の根底にあったのは、「西洋の勃興」（このテーマはいまだに大学レベルで正当な科目として教えられている！）という発想である。西洋は十全な自己統一体として表象され、文明論の中心におかれた。同様に、冷戦をめぐる支配的な見方は、独立運動などにみられる第三世界の能動的・主体的行動力を瑣末な問題と捉え、アメリカ（第一世界）の助けを借りて〝新しい国〟へと生まれ変わるべき旧植民地として抽象化されていった。冷戦の語りが最終的に目指していたものは、アメリカがいかに自由主義世界をまもるために生死をかけて戦っているかを世界にアピールし広めることであった。この語りが抑圧してしまったのは、これらの新興国の強い欲求——第一世界でも第二世界でもない第三の道を歩み、独自の政治と経済のあり方をとおして、主体性と能動的力を獲得したい――と、それを実現するための能力であった。こうして冷戦は、アメリカが世界的規模で近代化を推し進める役割を演じつづけることを許容し、第三世界諸国と資本主義市場を「発達」させるための「援助」をばらまくことで、旧植民地社会の主体なき地位をさらに主体なきものにしてしまった。同時にアメリカは、軍事的強制力と暴力、反テロリスト・スパイ活動、隠密作戦、暗殺（思い出すべきは、パトリス・ルムンバである）、テロリストを使った代理戦争を、ヨーロッパ・アメリカ圏外であれば全面戦争をも厭わない強硬な態度をもって推し進めていった。一方冷戦は、ソ連に共産主義圏内での統一を力ずくでも実現することを迫ったが、一九五〇年代後半のユーゴスラビア、アルバニア、中ソ分裂にみられるように、それはけっして成功することはなかった。米ソが覇権をめぐってしのぎを削っているあいだ、日本は近代化をみごとに体現する優等生として登場し、インドは〝民主主義〟が不安定なために（日本の一党民主制と対照をなす）、近代化に挫折した例として引き合いに出された。インドの不備は、結局はアメリカの影響力の欠如のためであるとされ、インドの指導者たちがアメリカの意思に反して中立的立場をまもり、バンドン会議が決議した第三の道を選択した結果であると論じられた。

III　パラダイムの理論

冷戦期のことを今振り返ってみれば、社会科学は、一九六〇－七〇年代をとおして確かな地位を築き上げ、近代化理論の構築とそれに役立つ研究課題を設定しながら比較研究の使命を手に入れていった。人類学はその研究対象を、世界の「中心」から「周辺」へと移し、それが思い描く比較研究の対象ならどこにでも目を向けることで、すでにその立場を築いていた。政治学や社会学などの分野は、脱植民地化している社会や「新興国」を発展させるプログラム——エリートのリーダーシップや、彼らが「伝統」から「近代」に移行する過程をどのように乗り切るか——を研究対象として取り上げていた。こうして近代化についてどれだけ多くの著書が生まれ、近代化を推し進めるための制度化がどれほど広範に教育に、あるいは政府に浸透していったかを思い起こしてみると、けっして平静な気持ちではいられない。

まったく驚嘆すべきことは、これほど無意味なことのために、これほど多くの聡明な人びとの時間とエネルギーが長期間にわたって費やされてきたという事実だろう。世界的規模で比較研究する社会科学の方法とは、理想化されたアメリカ社会を基準に世界を推し量ることを意味していた。しかし、そのモデルは皮肉にも、アメリカの例外主義（アメリカは文化的にも経済的にも例外的な国であるという認識）と、世界を歴史的に理解する態度の欠如から成り立っていた。戦後の社会科学は、この例外的な経験が普遍的な基準であるという矛盾を覆い隠すことはできなかった。それは、アメリカの国家政策が求めていたもの、つまり、アメリカを基準に発展のプログラムを系統立てて説明できる理論を提供することを目指していた。近代的発展の軌跡は、ある社会の進歩の実現のためにどのような改善をなし、さらにその過程を加速できるかを推定できるテンプレートとなった。近代化理論は、新進化論に依拠しながらみずからの普遍性を主張し、ある著者が「合理的な偉業」あるいは「普遍的な解決策」とよんだ楽観主義の福音を広めていった。近代化パラダイムの理論は、多くの〝理念型〟の特徴から成り立っていた——社会は一貫して組織されたシステムから成り立ち、そのシステムはタルコット・パーソンズの弟子たちが定義したように、自立した〝下部システム〟から成り立っていると。そして、すべての社会はいずれ、伝統から近代へと移行する歴史的発展の普遍的図式にしたがって進歩する、と。下部システムをそなえた社会は、合理的、科学的、世俗的であり、なによりも西洋的（アメリカ的）であるとされた。一方、伝統から抜け出せない社会は、下部システムを欠いているために、近代化に必要なこれらの資質をもたず、完成された自己（西洋・アメリカ）にみられる十全性を実現することができない。そのために、伝統的社会にとって近代化への道は険しく、さまざまな手段を使って「適応しながら進歩」（ジェフリー・アレクサンダー[*1]の言葉）するしかないのだと。

戦後社会科学の野心

近代化論が第二次世界大戦後に生まれた背景には、ふたつの要因が大きく作用していたことを知っておく必要があるだろう。ひとつは、国際環境の急激な変化にともない、複雑になった世界を説明できる社会理論と研究課題の構築が必要になったことである。世界大戦の終結は、脱植民地化の過程とアフリカ、アジアでの新しい国民国家の出現という事態を生み出

＊1　Jeffrey Alexander. 一九四七－。イェール大学で教鞭をとる文化社会学者。

した。このような重大な歴史的転換を明確に説明できる理論的研究が望まれるようになり、また植民地支配から独立する国の数が増えるにつれ、この理論研究が開発プログラムとしてどれほど効果があるかが問われるようになる。換言すれば、激しく移り変わる政治状況は、歴史的変化のダイナミズムと発展の速度の比較研究を可能にする理論を必要としていたのだ。この第一の要因が知的世界に大きな影響をもたらしたのとおなじころ、第二の要因も重要な役割を果たすようになる。脱植民地化が進むなか、ふたつの競合するイデオロギー陣営があらわれる。それにともない、世界は産業化と近代化へのアプローチをめぐって二極分裂していった。マルクス主義は、ソ連が唱えた社会主義を基調とする近代化論に援護されながら、資本主義のそれとは一線を画した社会の変化を説明する理論的戦略と革命的転換を提示していた。一方で、第二次大戦後、資本主義世界のリーダーとなったアメリカは、脱植民地化した中立新興国をめぐってソ連とはげしく競争するために、(資本主義的要素を前提とする)政治的民主主義を合理的近代の理想モデルとして売りこんでいった。アメリカとソ連の開発戦略は、戦後すぐに発案され、両国ともに経済的支援を新興国にあたえる超大国となっていった。開発援助は、新生国家の近代化の過程を〝促進〟させるために用意された。近代化は、その意味で、活力を欠き静止状態にあるとされた伝統社会を躍動的でスピード感にみちた近代社会へ移行させる変革概念として理解されていった。この援助政策を新興国で実行する責任主体は、中産階級からなる民主的代表者ではなく、〝欧化〟の洗礼をうけたテクノクラートであるとされた。言い換えれば、近代化とは、いかなる犠牲をはらってでも政治的安定の保障を絶対的条件とし、西洋――合理的プロセスを実現した文明圏――を見習うことで実現するとされた。つまり、それは、〝伝統的な〟社会を西洋のイメージに即して近代的国家につくり変える企てであったといえる。それゆえ、新興国で近代化のプログラムに取り組んだのは、脱植民地化の過程をおわらせようとしていた現地のエリートたちであり、世界覇権をめざして開発事業に取り組むアメリカとソ連であったのだ。社会科学は、この新しい世界的展開に適合しようとみずからを再編していった。

終戦前のアメリカの社会科学では、社会を変化のないものとしてとらえ、反復される社会化のパターンから生まれる国民性、その永続するアイデンティティを強調するアプローチが主流をしめていた。この「文化とパーソナリティ学派」(Culture and Personality School) とよばれた学問方法がおかしたまちがいは、国民という形態 (the nation form) を社会研究の基本的枠組みとして重要視してしまったことである。国民というカテゴリーは、あたりまえの前提として研究の空間的境界を形づくり、過去、現在、未来の差異に無関係な無時間地帯として理解された。このアプローチは本質的に非歴史的で、反歴史的でさえあり、歴史的過程を変化として把握することにまったく無関心であった。こうして社会科学のアプローチは、アメリカ例外主義と歴史への無頓着を暗黙裏に受け入れながら、マルクス主義と対抗できる十分な社会変化の理論を提示することはなかった。その最後の喘ぎともいえるのが、ルース・ベネディクトのような人類学者がニーチェを援用しながら『菊と刀』(一九四七年刊行)で展開した議論——西洋の「罪の文化」に対して日本人の「恥の文化」——や、一九四八年にフランシス・シューが現代中国人を青銅器時代の先祖のコピーのように描いた *Under the Ancestors' Shadow: Chinese Culture and Personality*(「先祖の陰で」)のような著作であろう。文化主義的アプローチの欠点は、構造機能主義への依存と歴史へのわずかな配慮、そして伝統から近代へ、さらに現代へと移行する軌跡を必然的・画一的に捉えていた点であろう。ここにみられる歴史の過小評価は、一九五〇-六〇年代に入って、機能主義的社会科学が冷戦をめぐる政策の要求に応えようと、記述(状況を分析、説明すること)を処方(状況に対処するために政策を提言すること)と同一視するなかで、さらに加速していった。

そもそも機能主義は歴史分析と歴史の比較研究に無関心ではあったものの、冷戦の御用社会科学としての地位を得た後は、民族中心主義や例外主義に拘束されない歴史と比較を念頭においた方法論を必要としていた。新しい国民国家の出現は、歴史比較研究の有効性を再検討する契機となり、とくに伝統から近代への移行過程の分析がその中心を占めるようになる。世界の多様な地域に誕生する国家を理解するために、まずさまざまな文化を経験的に知ること、そして、その諸国家が進化過程で占める位置をはっきり見定めるために、政治的・経済的現状についてくわしく調べることが求められるようになった。より壮大な比較研究へのはずみは、機能主義にもとづく社会研究で重要な位置をしめた「規範性」概念の再構成を要求し、一般的に応用できる社会変化の概念・カテゴリーの創出を活気づけた。この修正された機能主義は、その古い分析的方法——アメリカを唯一の規範的モデルとして世界の多様性を推し量る態度——を放棄することになる。とくに、アメリカの将来にふかく関わっている新興国が直面する問題を理解する上で、この分析方法は役に立つものではなかった。さらに新しい社会分析では、多様に入り組んだ社会関係とその形成過程の複雑さを把握することに重点がおかれた。しかしなによりも、それは、新興国の植民地支配からの独立とその影響から自由になるための紛争や闘争の問題を取りあつかわなければならなかったはずである。しかし、修正された機能主義的社会科学は近代化論へと変身することで、新しい進化主義の様相を身にまとい、世界の多様性の認識にもとづいた複雑な社会のモデルを提示することに失敗した。むしろ、近代化を分析の出発点とすることで、放棄したはずのアメリカ中心主義的モデルはふたたびよみがえることになる。世界は、近代化を理想的に体現するアメリカのイメージそのものの反映としてふたたび理解されるようになるのだ。

新しい構造機能主義は、社会の文化的特徴とパーソナリティの形成に焦点をあてた点でも、より古い社会科学のアプローチと類似しているようにみえた。しかし、それは古いアプローチの最大の欠点——歴史への鈍感さ——を克服し、変化の過程をしめす理論を提供したという一点において、より勝っていたのである。つねに流動し、変化しつづける冷戦の状況は、社会科学にこれまでとはちがった発展と変化を説明し、戦後の大転換を把握する分析方法を求めたし、それはまずなによりも、マルクス主義者たちが理論化した闘争のモデルと革命の予兆という概念に取って代わるものでなければならなかった。構造機能主義とその進化的適応能力を唱えたダーウィン主義の統合は、近代化・収斂理論という成長のモデルへとつくり変えられていった。政治学や社会学のような社会科学分野、とくに〝科学的〟な時流に迎合したい歴史家たちにとって、構造機能主義はまたとないチャンスとなる。つまりその分析方法は、歴史過程の個別性に目を配ると同時に、すべての社会が例外なくたどる過程——停滞的伝統から躍動する近代への移行——を描くことを可能にしたのである。この「移行」という概念は、マルクス主義者たちが理解していた封建制から資本主義社会への（暴力的な）「大転換」という認識への対抗を意味していた。マルクス主義者たちは、資本の原始的蓄積過程で起こる土地の収奪、土地なし農民の創出、民衆の賃金労働者化、ルンペン化などのすさまじい転換過程を「近代」が引き起こす暴力的転換とみなしていたが、近代化論者たちはそれに対抗するかたちで、漸次的な成長を約束し促進する援助・開発を全面的に押し出し、また発展のための処方箋を唱えたのである。「移行」をしめす年代学は、アイデンティティを探ることを目的とする形式論（ベネディクト）の文化本質主義に取って代わり、ニーチェの懐疑主義に影響され神経質で用心ぶかい方法論者であったウェーバーは、大胆で楽観的な経験的事実の実証者として生まれ変わったのである。どのような社会でも、あるべき手順で処方箋どおりにしさえすれば、平和な資本主義的発展という約束の地へ導かれ、民主的な政治をも手に入れることができるとされた。しかし、近代化論が政治を経済成長の問題として理解し、資本主義的発展にむかって〝離陸〟するための政策を実行する政府ならばどのような政府でも民主的である（開発の名のもとに敷かれた独裁体制であっても）、とした事実はきちんと捉えておこう。この見解は、サミュエル・ハンティントンのような学者がずいぶん昔から論じていた。マリリン・ヤング[*1]によれば、ハンティントンはベトナム戦争中、迅速な近代化を進めるためには爆撃もけっして悪い選択ではないと判断していたようだ。歴史家ヤングは、一九六八年の『フォーリン・アフェアーズ』誌に掲載されたハンティントンの論文からつぎの発言を引用している。

非戦闘員のアドバイザーたちは（爆撃によって）農民たちを地方から難民キャンプ、あるいは都市へ追い出すことを「近代化の経験」に必要なステップと見なしていた。とくに、ハーバード大学の政治学者サミュエル・ハンティントンは、それは正当なアメリカの政策だと判断していたようだ。ベトコンは、「支持者たちが存在する以上強力な部隊でありつづける」とハンティントンは説明した。

「地方から都市への大移動をつくり出すための圧倒的な戦力」だけが、農村を革命戦略の拠点とした毛沢東主義を弱体化できる――ハンティントンは、都市こそが政治の中心であるべきだとし、そのためには農村地帯で拡大する革命運動と反米帝運動を根絶やしにすることこそが、政治の安定化に必要な前提条件だと考えていた。

近代化論の核心にあるのは、成長と発展をめぐる新しい進化論の語り口であることは何度も繰り返してきたが、その内容は、社会構造の特殊性とそれを近代化過程へ再統合することの重要さを強調していた。言い換えれば、歴史変化のなかでおのずと発達してきた社会システム〔いわゆる伝統と見なされるもの〕のもつ影響力を適度に抑えこみながら、近代化に必要な要素だけをそのシステムのなかに見出し、それを応用する能力をもつ社会こそが理想なのである。近代化への適応とは、地域特殊性を再統合化する過程をいい、社会あるいは個人の新環境への順応能力にかかわる問題であった。環境の変化への適応能力は、技術革新とその応用のあり方を決定づける生存のメカニズムを映し出しているとされた。日本は、ヨーロッパ・アメリカ以外でみごとにこの能力を発揮し、近代化に成功した事例として注目を浴びることになる。日本研究については、あとでさらにくわしく述べるが、この種の進化適応性は、日本が一九世紀の半ばに封建制度を捨て去りながらも、その時代から引き継いだ価値や慣わしを近代化の牽引力の中心に据えたことに端的にあらわれているとされた。こうして近代化の語り口は、(文化)構造の継続のなかに変化を見出す直線的進歩史観から成り立っていた。歴史は、社会をいちばん後れたものから進んだものにまで分節しながら、進歩的発展に沿って起こる

＊1　Marilyn Young. 一九三七－。ニューヨーク大学でベトナム戦争史、アメリカ帝国史を教える。

一連の変化・できごとを指すことになったのである。

社会はみずからが位置している進歩のレベルに即して序列化され、均質的な歴史時間の連続のなかで相対的な成熟度を反映するように分類された。この序列化は、社会の質的差異の反映であるとされながらも、純粋に計量的な差異の問題としてあつかわれた。この比較分析のあり方は、ヘーゲルが『歴史哲学講義』で展開した議論を拠りどころとし、今日までつづけられている。人類学者であるヨハネス・ファビアン[*1]は、この過程を「根本的に時間を自然化する」(時間の根本的な非歴史化といってもいい)作業というが、比較研究を可能にする「あらゆる人間文化の包括的なあつかい」をゆるす方法に欠かすことのできない抽象化なのである。自然に進化する時間への信仰は、過去の文化や現在の社会を「絶対的時間の流れ」のなかで分類し、ある社会は上に、ある社会は下に位置づけながら、あらゆる社会や場所を現代からみた彼らの相対的距離によって推し量り序列化する。この距離は、ある社会が進歩するために必要とした時間の速度を意味し、またある社会にとっては追いつくために必要な時間を意味した。アフリカとアジアにおける第三世界の社会がいかに近代からかけ離れ、伝統のなかで停滞し、自然の時間領域から取り残され、ヨーロッパ・アメリカの産業国にくらべて後れているかを語った近代化論の著作は数多く存在する。結果として近代化論は、近代、伝統、過去、現在とは、自然的時間によって生み出された区分ではなく、ある特定の文化経験（イデオロギー）がつくり出したカテゴリーであることを見落としてしまったのだ。こうして、近代化論は独自に歴史を時間化する方法を必要とし、その方法は、発展段階を単一的な歴史概念でまとめあげるものであった。それぞれの社会が、どのように遅滞したり進歩したりするのかをしめすために、画一的な時間の連続体に即して序列化する試みがなされた。それは、かつて人類学やフロイト心理学がおこなった幼児期＝原始的と壮年期＝文明的という分類方法に類似していた。ある社会はけっして追いつくことができない一方で、ある社会は成功の頂点に到達するために梯子をうまく昇りつづけるだろう。タルコット・パーソンズやS・N・アイゼンシュタット[*2]のような近代化論の主要な理論家であった社会学者たちは、単純な進化論を避けたいと願いながらも、ウェーバー流に西洋文化のある特定の資質を規範として特権化し、それは近代化を追い求めるすべての社会のモデルであるという判断を完全に棄て去ることはできなかった。資本主義発展への道は多様であるとしたマルクス主義者の

＊1　Johannes Fabian. 一九三七–。アムステルダム大学で人類学を教える。主著に *Time and the Other: How Anthropology Makes Its Object* がある。

＊2　S. N. Eisenstadt. 一九二三–二〇一〇。『近代化の政治社会学』『日本比較文明論的考察』の著者。

発想にくらべると、近代化論はより一枚岩的で政治的な意図をもつリスクを負っていた――もちろん近代化論者は、そのようなみずからの欠点を認めることはなかったが。近代化論に特有の循環性の論理――近代化の道筋は西ヨーロッパの特定の文化的経験をもっとも成熟したかたちで体現するアメリカでおわる――こそが、無機質で単線的な時間の流れだけでなく、模倣すべき規範的モデルをつくりあげていったのである。

結果として、新進化論的機能主義とその落とし子であった近代化論は、近代化を可能にする合理性(手段と目的)の進展、社会の慣習と規則の維持管理、また権力の使い方などにおいて、文化が果たす役割に特別の注意をはらった。この文化の役割は、宗教に求められることが多く、それは、生きられた現実(歴史)へ究極の意味(もっとも特殊的で深遠な意味)をあたえるものと見なされていた。ここで認識すべきことは、文化を基本的に宗教の問題とし、社会変化を牽引する力とみることで、本質的には資本主義にかかわる問題を文化の順応力とその構造の問題へと読み替えてしまったことである。宗教は、社会の規範的価値と合理的行動を発達させるための基礎として理解された。さらに、特定の宗教のもつ普遍性とそれが社会(歴史)から自立した価値・実践体系であるとすることで、社会編成において宗教が果たす役割はさらに特権化されていった。この新しい分析方法は、文化、とくに宗教的価値・実践が果たす役割――最終的には宗教が社会構造を生み出し統制する――を進化過程につなげて理解することにあった。文化を社会進化の原動力とみたタルコット・パーソンズは、ウェーバーの類型学を使って歴史や比較研究の可能性を探りながらも、結局は〝近代〟的発展における〝西洋〟の卓越性（つまりキリスト教の優位性）を確認していたにすぎなかった。さらに重要な問題は、パーソンズはウェーバーが比較宗教学と歴史社会学の類型においてすでに概念化していた「西洋とその他」の分離を再生産する結果となったことである。もしパーソンズとウェーバーのあいだになんらかの差異があるとすれば、前者が進化過程をプラグマティックで楽観的な問題としてとらえ、文化をそれに従属させて考えたことにあるだろう。しかし、パーソンズはウェーバーの抱えていた問題をそのまま受け継いでいた。それは、ウェーバーが、長い年月をへて形成され統一されたユニークな宗教文化の資質から近代誕生のプロセスをひもといてみせたときに、資本主義によって生じる（社会の）亀裂・闘争をきれいに消し去ってしまったという問題である。ウェーバーは資本主義社会にみた不和を、近代西洋と非近代的「他者」の分断に重ね合わせて考えていた。レーニンの同時代人であり、ヨーロッパで起こりつつある社会闘争を目撃したはずのウェーバーは、マルクスが認知した資本主義生産様式の歴史的意義――新しい生産様式がヨーロッパの日常にもたらした破壊的影響と革命的変革の可能性――に対抗し、最終的にはそれに取って代わる議論を打ち立てたのである。パーソンズはこのウェーバーの立場を自分なりに読みなおし、多くの人がすでに認識していた近代社会生活が抱える分断や闘争、あるいは過去とのラディカルな断絶という事態を、資本主義と宗教が相互に結びつき、驚くべき継続性をもって調和的に機能する近代のイメージに塗り変えてしまった。ウェーバーは、国内社会で資本主義が生み出しているさまざまな亀裂を真剣に受けとめる代わりに、それをヨーロッパ・アメリカ文明圏と非西洋とを分け隔てている差異の問題として捉えていた。中国やインドの宗教的伝統は、ある程度の合理性を持ち合わせていたが、資本主義が必要とする科学的思考・探求を可能にするほどには発達していないと彼は論じた。こうしてウェーバーは、ヨーロッパの過去・現在に存在した亀裂を西洋とその他者とのあいだの亀裂へと転化し、ヘーゲルがそうしたように〝非西洋〟社会を他者化することで、それらの歴史を不完全で停滞したものと断定するにいたったのだった。ウェーバーは他国の植民地化を進んだ近代性のあらわれとみていたし、ドイツが帝国主義に後れて参加したことを合理性の欠如（後進性）と捉えていた。しかし彼が、植民地を前近代の文化に支配された場所と定義し、その固有の文化や社会を拒絶したことは、裏を返せば、近代の前提である科学的合理性を完全に受け入れる文化的土壌（彼があの有名な「客観性」についての論文で語ったように）さえあれば、近代との距離を狭められることを示唆していた。近代の問題は、資本主義（資本の蓄積）から生じるというよりも、ある特定の場所に固定化された中心（西洋）から空間的・時間的に立ち後れた非西洋の問題として理解されたのである。近代化のパラダイムは、差異（西洋とその他者、近代と前／非近代）をはっきりとしめすために、そしてそれぞれの社会が位置する関係を進歩と遅滞・後退という尺度で構造化するために使われたのである。発展に後れてきた者たちというこの概念は、完全に近代に到達していないようにみえた日本、トルコ、中国、インドなどの社会の世界史的地位を記述するために使われた。その結果、世界を時空間の序列化で分断し、年代的・数値的問題を文化の質的な問題として論じる風潮が支配的になっていった。

近代化のモメント

ウェーバーに導かれながらも、彼の批判的・悲観的な見通し（ウェーバーは近代社会の官僚化を「鉄の檻」とよんだようにその行く末を楽観視していなかった）から大きく外れるかたちで、パーソンズ、ウォルト・ロストウ、[*1] ロバート・ベラー、[*2] アイゼンシュタット、エドワード・シルズ[*3]、その他の多くの社会科学者たちは、特定の地理的・歴史的経験（西欧のそれを指す）と資本主義の基礎を形づくった独特の合理的思考・行動パターンの発展と拡散に注目しながら、そこで文化が果たした役割を楽観的に解釈する近代化論を展開した。彼らは、ヨーロッパの宗教的基礎のゆえに、目的と手段の合理的思考と行動は、人類が共有する規範性と普遍的真実性をもつと主張した。第二次世界大戦終戦直後のころ、この規範性をめぐる議論は、ウェーバーの後継者であったアメリカの社会科学者たちのあいだで、ふたつのことと結びつけられ論じられていた。それは、アメリカ社会をロマンティックに誤認したことで生まれた論述と、近代化の模範的なモデル（アメリカ）を世界のあちこちに再現してみせようという国家政策である。パーソンズのような理論家には、文化は決定的意義をもっていた。それは、行動を合理的に制御する価値を提供するものであり、社会の経済的・政治的制度と性格を決定する役割も担っていた。

アントニー・スミス[*4]は、パーソンズたちの立場を「単純で明快な文化決定主義」とよび批判的だったが、他の者たちは進化論の図式にのっとって、世界の宗教とその進化の程度を識別しながら（ベラー）、パーソンズの立場を補強していった。進化論にもとづく世界の宗教の分類は、ユダヤ・キリスト教の伝統を中心に据えながら、自己（西洋）とそれ以外の世界

（非西洋）の差異を誇張し、真の変革は前者から生じたという世界観をつくり出していく。長年近代化研究をつづけたアイゼンシュタットは、世界の宗教が分岐した瞬間を、諸宗教が形成された古代とする。そして、紀元前五〇〇年－紀元一世紀に誕生した諸文明の形態とそれらが各自展開した世界観——あの世とこの世のせめぎ合い——とその制度化の歴史を分析してみせた。彼は、カール・ヤスパースの言葉を借りてこの古代史を文明化の「中軸性」とよんだ。アイゼンシュタットにとって、中軸性は世界のおもな救済宗教（ユダヤ・キリスト教）を意味したが、それは広範な歴史的比較研究の基礎となり、個別的な研究の前提条件として、壮大な構造分析を好む機能主義と近代化論と共通の認識的基盤に立っていた。ウェーバーの方法——独自の宗教文化的な資質を規範（普遍）価値にもとづいた手段と目的の合理性のなかに見出そうとする——がこの精巧な歴史社会学の根底にあった。アイゼンシュタッ

＊1　Walt Rostow. 一九一六－二〇〇三。経済発展段階説の提唱者で近代化論の生みの親ともいわれる。
＊2　Robert Bellah. 一九二七－二〇一三。カリフォルニア大学バークレー校で宗教社会学を教えた。『徳川時代の宗教』『心の習慣』の著者。
＊3　Edward Shils. 一九一〇－一九九五。シカゴ大学の社会学者。
＊4　Anthony Smith. 一九三九－。ロンドン大学名誉教授でナショナリズム研究のパイオニア。

トが晩年おこなった仕事は、なぜ中軸的文明をもたなかった日本が独自に近代化することができたのかという問いに関わっていた。彼がたどり着いた結論は、ベラーが以前からウェーバーやパーソンズに依拠しながら展開していた理論である。つまり日本が近代化で急速な成功をおさめたのは、近代化の動因として機能できるプロテスタントの倫理と同類の規範の構造が独自の宗教伝統のなかにあったからだと。

このような膨大な量の近代化にかんする仕事の根底に存在したものは、ウェーバーが見てとった合理化の形態――これは文化的に特殊なものとされた――と、パーソンズや他の研究者が探求した差異化（社会の複雑化、専門化）の過程の安易な結合であった。しかし、この戦術はけっしてうまくいかなかった。それは、つぎの理由からである。1「経験的」「歴史的」な発展は方法論的類型化とまったく重なり合うという前提。2ウェーバーの合理化の解釈は、特別な宗教文化の形態から生まれたが、それは大いなる普遍性を内在させ世界に通用するとみる誤認。ウェーバーとはちがって、パーソンズや彼の弟子たちは、近代西洋社会の発展のなかに社会進化の有益なパターンを見出し、それを歴史的発展の頂点であると思いこんでいた。差異化は「普遍的に成功するパターン」の達成を目的とする運動を意味し、アメリカのような進んだ産業国の特徴であるとされた。それとは反対に、あまり差異化されていない社会は「原始的な拡散」しか知らず、文化的・経済的・政治的な領域の分離をきちんと制度化できずにいる。ウェーバーは近代社会の合理化と差異化の結末に憂鬱な未来をみていたが、パーソンズ、とくに彼の近代化論は、近代社会への転換を明るい楽観的な物語へと書き換えてしまった。近代は新しい社会層を生み出し、平等主義、協労主義、自由で多様性にみちた社会を約束する。そしてなによりも、それは不当な権力の集中を阻止し、世襲にもとづく専制のおわりを意味する民主主義の到来を告げるのだ。パーソンズはこのような論拠によって、一九五〇年代の初期からこの「近代化への傾向は世界的なものとなった」と確信していた。

いずれにしても、この文化というカテゴリーへの異常な偏向が、前近代社会が社会変化（差異化）を欠いていること、また文化は歴史的転換をうながす現実的な力になりうること（これはマルクス主義的唯物論への応答として）を説明するために援用されたことを確認しておこう。これらのふたつのイデオロギー的立場の拮抗は、一九五〇－六〇年代にアメリカとソ連のあいだで世界的に展開され、社会科学はこの政治・イデオロギーの二極化を反映しながら、それぞれの立場を正当化する競争へと突入していく。この時代に書かれた近代化にかんする書物は、現在ではほとんど忘れ去られ、読むに耐えないものであるが、こうしてあらためて手にとってみると、まったく唖然としてしまう。まず、抽象的・一般的論理に力を入れるあまり個別的な分析は犠牲にされた。理論をもとに書かれた総体的な分析は、それぞれの歴史の特異性と同時代の具体的な状況への無関心を装うために機能していたことがわかる。さらに、手のこんだ理論的説明は、資本主義の歴史が明らかにした、近代・社会変化・発展の具体的・物質的な意味を覆い隠してしまった。ウェーバーが、宗教と資本主義の結びつきを歴史的というよりも理念的レベルで複雑に理解していた一方で、彼の後継者たちは、ウェーバーの理念型を歴史と同一視した上に、資本主義を純粋に文化の問題に置き換えながらその因果関係のつながりを平面化、単純化してしまった。近代化論者たちは、文化的営みと精神的価値のもつ力が社会構造とその「差異化」を決定するおもな要因であると主張することで、社会進化論の「道しるべ」——伝統的価値とその制度は、その持続性ゆえに、近代への移行の調停者としての役割を果たすにふさわしい——を援用していったのだ。伝統の一部が近代に入ってからも存続し、近代化の仲介者として重要な役割を果たすことが社会の近代化を滞りなく進め、つぎのステップへの飛躍になるという新しい進化論の語りを可能にした。このシナリオでいけば、歴史の問題はいつも考慮からはずされる。というのは、歴史よりふかい構造的パターンの動き——適応の継続的な過程を繰り返し、最終的には、巨大な地質形成のように構造変化へと収束していく――とくらべ、歴史は表面的な現象だとされているからだ。こうして、具体的な歴史現象は一時的・短命的（断続的）であり、耐久性に欠けていると判断され、歴史への無関心はさらに助長されていった。マリオン・レビ[*1]は、中国人の家族制度をめぐって最初に近代化論を展開した研究者の一人だが、社会変化が起こる原因を家族そのものに内在する諸力にあるとみていた。つまり、家族が社会的集団としてどのように「伝統的構造によってつくり出され、そこから継続的に生み出される」（スミスの言葉）心労や緊張にうまく対応しているのかを研究したのである。その分析には、政治的・経済的・社会的・歴史的な思考はいっさい存在しない。彼の読者は、まさにこの著作が書かれ出版された時期、つまり一九三〇－四〇年代に中国全土を怒りで覆いつくした日中戦争と、その後勃発した中国革命への関心や配慮をこの著作に見出すことはできない。

こうして、近代化論は文化の第一義性を掲げたのである。文化は労働よりもさらに根源的な価値の源として、商品形態に代わって社会を構成する「初発的な細胞」、そして媒介物と

＊1　Marion Leby. 一九一八－二〇〇二。ハーバード大学でパーソンズに学び、プリンストン大学で社会学・近代化論を教えた。

して、規定されることになった。この理論を提唱した多くの研究者は、文化による社会形成の過程を、自然をより効果的に支配するための知のあくなき探求と蓄積、として理解していた。ベラーのように「学習できる能力を身につける」ことを重視する者、R・P・ドーアのように指示にしたがう能力を強調する者、また忠実なウェーバー主義者であるアイゼンシュタットのように、合理的に考え行動できる力を、歴史的変化を生み出しそれを上手に統合していくための必要条件と見なす者など。この一連の著作をとおしていえることは、構造の変化（差異化）と伝統的遺産の継続性とのバランスを維持することの大切さを強調する姿勢である。いずれにしても、近代化にかんする著作において記述と処方の区別があいまいになったのは、新興国のエリートたちがこれらの普遍化された規範（変化と継続性のバランス）を追求しているのか、その規範が先進国の進める政策と発展のプログラムをとおして新興国を追求しているのかが明確にされなかったからである。しかし、近代化論者はつぎのことを口を揃えていうだろう。〝非西洋〟社会が、産業化された西洋とその近代が投げかける挑戦に直面したときに生じる生存の危機をうまく乗り越えるためには、西洋に学びながらみずからの古びた伝統を近代社会にふさわしいものにつくり変え保持しなければならないと。

外圧あるいは〝外からやってくる〟挑戦（一九五〇年代初期に人気を博し、買われたほどには読まれなかったアーノルド・トインビーの『歴史の研究』や、J・K・フェアバンクが近代中国史を「西洋への対応」とした見方を思い起こすだろう）に対して、国家や社会はふたつの選択に迫られる。効果的に適応するために自国の資源（物質的・文化的）に頼るか、他国の支配のもと革命的な変化を強いられるかである。実際、この伝統がもつ適応性という考え方は、新しい生産様式とそれにともなう多岐にわたる――科学、技術、組織、金融面での――社会の再編成と統合、また専門領域（「下位組織」）の分節化・自立化の必要性を前提としていた。近代化の過程が成功するためには、「継続」と「革新」の均衡がたもたれることが最重要とされた。絶えまない再編成と統合の過程にともなう広範な差異化と専門化が一方的に加速し、近代化を推進する唯一の力になることは、変化する社会組織の不安定性に圧倒的な重圧や予期しない障害をもたらし、社会そのものを激しい分裂に追いやる、とされた。

この再編成と統合の装置を伝統の力を介して配備してこそ、社会的紛争の可能性はなくなり、暴力の蔓延を根絶やしにすることができるとされた（この考え方はデュルケムの主張によるところが大きい）。しかし、ニール・スメルサー[*1]が指摘したとおり、より大規模な都市化が生み出す差異化は、椅子取りゲームのように永遠につづく過程のようでありながら、じつはつねに〝不均等〟を生み出すのである。この差異化と統合の循環のなかで、いつ近代化がその進化の過程を完結するのかを見定めることは、不可能に近い。それはまるで、何羽のツバメが訪れれば夏が来たと断定できるのかを論じるのとおなじことだ。じつは近代化論は、マルクス主義の、資本の蓄積の再生産を可能にしているのは社会のあらゆる局面で不均等を生み出す原理であるとする洞察を共有しているといえる。つまり、資本主義は、不均等と不平等な発展の法則なしには成り立たないというマルクス主義の立場である。ただ、スメルサーのような近代化論者の決定的なちがいは、「差異化」や「統合」という概念をもちいることで、不均等をもたらす要因、つまり資本の蓄積という問題を狡猾に覆い隠しながら、その形式だけをたもっているということだ。近代化論の洗礼をうけたスメルサーのような社会学者は、トロツキーが理論化した不均等という概念を理解してはいたが、「差異化」や「統合」という形だけの概念化が、どれほどマルクス主義の重要な洞察を豊かにしたかは大いに疑問である。

この議論をめぐって最後に言及しておくべきことは、〝土着エリート〟をめぐる問題である。このエリート層は、近代化を推進する上で、宗主国で教育をうけ、そこで得た文化資源を植民地社会の近代化に適用するとされた。この立場は、エドワード・シルズの著作に顕著であるが、周辺（農村）に対して〝中心的な〟立場（都市）を占める土着エリートの形成こそが、近代化を成功させる鍵であるとしている（これもまたマルクスが看過した都市と農村を分け隔てる不均等の典型的な例だが、シルズはそれを不均等とはみていない。一方、ウォーラーステインは世界システム論でマルクスの議論を応用し、近代化論を唱える社会科学と資本主義の批判と検証の必要性を訴えているが、世界経済を固定化し硬直化させた二分構造――中心と周辺――としてみてしまっている）。しかし、やはりアイゼンシュタットこそが、中心と周辺の関係を近代化論の観点からもっとも明晰に分析しているといえよう。アイゼンシュタットは宣教師や植民地統治者をとおして土着のエリートの形成をうながし、彼らに知識、技術、専門を身につけさせ、改革への熱意をもたせることを思い描いていた。彼の議論の意義は、多くの著者にも共有されていたが、内発的な変化から外発性へ、つまり土着エリートを教育するための機会と経済発展に必要な物質的な資源のどちらも提供するような外部の力に重点を移していた。アイゼンシュタットは、発展過程を比較するときに直面する〝時差〟の問題を取り上げ、新興国のような新参者と旧来の近代国家のあいだに生まれる差異の重要さを認知し

＊1　Neil Smelser. 一九三〇－。パーソンズのもとで社会学を学び、カリフォルニア大学バークレー校で教鞭をとった。

ていた。彼はその差異を「後れて来ることの優位」とよぶことで、支配と抑圧にみちた悲惨で不幸な歴史的経験を恵み多い幸運なそれへと書き換えてしまった。つまり、植民地支配の収奪と暴力が生み出す破壊的帰結を発展の契機と読み替えたのである。後れて来た者たちは、先達者の経験から学ぶことができ、近代化の過程を短縮し、進化のペースを加速できる立場にあるのだと。先達者のおかした過ちを避けながら、みごとに近代化への道を歩むことができると。これを実現させる主体的な存在として、アイゼンシュタットは現地のエリート集団の活発な参加を想定していた。それは、これまで近代化の推進力を個性なき進化の自然法則としていた受動的なモデルから、具体的な個人が歴史をつくりあげ、近代化を牽引する物語へと書き換えることを意味した。しかし近代化論者たちが、このプロセスを管理・監督する立場にある現地の専門家・行政官の養成を本気で考えていたかどうかはきわめて疑わしい。このモデルのもっとも危険な要素は、新興国の近代化の過程をその保護国家、つまり近代化を伝授する外部の行為主体の利益に癒着させてしまう可能性を孕んでいたことだった。それは、脱植民地化がじつは、新しい植民地化への道につながる危険をともなっていたことを意味する。アミルカル・カブラル[*1]は、ずいぶん昔にこの再植民地化の過程を指して「歴史の横領」とよんだ。

植民地主義者は、彼らこそがわれわれを歴史へ導いたのだという。しかし今、それはまちがいだとわれわれは主張しよう。彼らはみずからの歴史の進歩にわたしたちを追従させるために、わたしたちを歴史、つまりわたしたち自身の歴史から引き裂いたのだ。

こうして、近代化理論のパラダイムは、外部からの介入を必然とする考え方と政策とを打ち出しただけであり、一九六〇－七〇年代の冷戦期にあって、非同盟国をターゲットに援助政策と開発プログラムを積極的に支援した理論にすぎなかった。

一九七〇年代の社会科学者たち、とくに政治学者たちは、〝西洋の洗礼をうけた〟官僚とテクノクラートが都市中産階級となり、新興国の民主主義の形成のたしかな礎となると確信していた。シルズやアイゼンシュタットのような人びとは、西側の教育をうけ特権的な社会的地位にいるグループこそが、発展途上社会の政治生活において指導的な役割を果たすと論じていた。したがって、社会科学はこのエリートたちに、第三世界全般にわたって〝全能者〟としての役割を果たす機会をあたえたともいえるだろう。彼らは、テクノクラートと官

＊1　Amilcar Cabral. 一九二四－一九七三。ギニアビサウ共和国の作家・農業技術者・反植民地独立運動のリーダーであったが、独立寸前に暗殺される。

僚の専門知識を提供し、彼らの社会の民主化を支え、国民国家の継続と安定を図り、「社会構造の漸次的な変容」を実践していくのだ。しかし、これら社会科学者が、現地のエリートたちにあたえた信頼と特権的地位にもかかわらず、大量の支援と物資を受け取ったエリートたちは、ボリス・カガルリツキー[*1]の言葉を借りれば、政治的自由と近代化の「墓掘り人」であることが証明された。アメリカの占領政策でもっとも成功した例として熱烈に称賛された日本の政治的近代化・民主化でさえ、「一党支配」によって象徴された官僚・テクノクラート集団の支配に譲歩しなければならなかったことを記しておこう。社会科学は、時間の経過とともに、民主化の努力を政治の近代化に対する障害と見なすようになり、時に社会安定とスムーズな発展を力で実現する権威主義的権力形態を支持するまでになっていった。

近代化の三位一体　経済、政治、そして社会的なるもの

政治を経済的利益に従属させる発展の様式を唱える近代化論の立場は、経済成長、とくに資本主義の拡大（ロストウ）と広域にわたる経済変化（ハンティントン）をもたらすのに必要な政治的な条件——統治形態とよぶべきもの——の実現に焦点をあてていた。ロストウの

『経済成長の諸段階』とハンティントンの『変革期社会の政治秩序』は一九六〇年代初期、つまりベトナム戦争と開発主義のもっとも熾烈化した一〇年間――かつて開発の一〇年とよばれた時期――に出版された。ベトナム戦争中、経済史家としてジョンソン大統領のアドバイザーとなったロストウは、一九五〇年代後半に『経済成長の諸段階』を出版し、その副題を「一つの非共産主義宣言」と名づけた。この著作は、数えきれないほど版を重ね、非同盟国のあいだで経済成長のためのお手本（テンプレート）と見なされるようになる。本の目的は、進化的成長がたどる諸段階をしめすために、経済発展についての手のこんだ理論を世に送り出すことであった。ロストウはソビエト共産主義に対抗する経済成長の青写真を思い描きながら、実際は資本主義そのものを肯定的に語りなおしていたにすぎない。たしかに彼の分析方法を、たんなる反共理論として読んでしまうことは誤りで、世界的な規模で発展の経緯を比較研究できる「産業化過程」の解明に焦点を当てていた。実際、ロストウの計画は、現在「グローバリゼーション」とよばれているものをすでに先取りしていたのかもしれない。たしかに彼の発展計画は、経済的「成熟への起動」を持続させ、「大消費社会時代」を実現

＊1　Bolis Kagarlitsky. 一九五八–。西洋哲学、マルクス主義理論家。

させるためにすべての国民が通らなければならない諸段階を明確に論じていた。ロストウの概念化は、彼自身が認めているように、マルクス・レーニン主義への根強い反感と、ソビエト経済の成果へのあいまいな評価から生まれてきたのだろう。彼はアメリカの「裕福な郊外」を理想化し、資本主義制度の完全な発達のもと統合されるべき世界の中心にそれを位置づけることで、社会主義ユートピアに対抗することを躊躇しなかった。

ロストウは、当時の熱烈な近代化支持者たちと同様、「伝統社会」(「ニュートン以前の科学」と行動原理)という概念とそれが近代化に果たす重要な役割に重点をおいていた。ニュートン以前の世界は、中華帝国、中東と地中海の文明、そして中世ヨーロッパなどから成り立っていた。それぞれの社会秩序は、第二の発展段階で近世への移行を経験し、それは(近代への)「離陸」の「前提条件」がととのう時期とされた。ロストウは、西ヨーロッパがこの過程で世界的な指導権をにぎったと確信する一方で、他文明の近代化への正常な道は、もっとも進んだヨーロッパ社会からの介入によって用意され、それはまた伝統秩序の破壊を引き起こす過程でもあると主張した。この介入がもたらす破壊的衝撃は、近代的な新しい思想や感情を起動させながら、崩壊しつつある旧秩序をさらに切り崩してゆく。この過程で重要なのは、ロストウが「産業社会を創造するのに必要な強固な近代的な政治構造」とよんだものを組織することに献身できる、現地のエリートを育成することであった。移行段階は、ロストウが「離陸」とよんだ状況に引き継がれ、成長そのものが社会の正常な状態になるにつれ、さまざまな障害を乗り越え、「経済的進歩を遂げるための力」の中心にいる新しいリーダーシップがさらなる進歩の舵とりをはじめる。離陸が「複合的利益を社会慣習と制度のなかに組みこませる」のに成功した後、成長をつづける経済は、近代技術の進展や広範な経済活動が実現する成熟期にむけて長い国内発展の段階をたどるのだとロストウは確信していた。ユートピア、つまりロストウにとっての真の歴史は、高度な大衆消費社会の出現によって開始される（マルクスが社会の商品関係の貫徹とよんだものを言い換えている）。この時点において、社会は消費財とサービスの永続的な生産にむけて画期的な転換を経験する。この発展段階はすでにアメリカによって実現され、それを追って西ヨーロッパ、日本がつづき、ソビエトは「不謹慎な戯れ」に身を費やしている。このロストウの「高度消費時代」は、日本の大平正芳首相が七〇年代にかかげた「文化の時代」に影響をあたえたとされ、その後日本は大衆消費と田園都市（アメリカの豊かな郊外をイメージした）の出現を経験することになる。ロストウは歴史的偶然に身をまかせることなく、協力的な現地のエリートと先進国からの開発援助の関係を築き固めることに尽力した。これらのエリートたちは「先進民主主義国の助けを期待する権利がある」とロストウは主張し、「人間の自由という理想のもとに独立を達成し、西洋の諸価値を共有し、それに訴えかけている彼らこそ、これらの価値を具体的なものにする責任を負うべきである」と主張した。また、この指導者たちこそ、経済の市場化からもっとも多くの利益をえる豊かな少数者の核を構成するだろうとも論じた。

もしロストウが西洋的な価値を共有する第三世界のエリートたちを、近代化がもたらす変化をリードし、そのための支援をうけるのにもっとも適したグループと考えていたならば、彼は民主主義に献身すべき〝中産階級〟の形成を議論していたにすぎない。それとは対照的に、一九五〇年代以降ガブリエル・アーモンド、[*1]ジェームズ・コールマン、[*2]デヴィッド・アプター、[*3]ジョゼフ・ラパロンバラ、[*4]そのほか言及できないほど多くの政治学者が群をなしておこなった仕事（実際、誰がこのように大量生産された近代化論をめぐる著作を読んでいたのか大いに疑問がのこる）のなかで、ハンティントンの議論が〝現実主義〟と〝合理主義〟の不思議な融合をよく表現していた。ハンティントンや近代化の仕事をしていた政治学者にとって、近代化の過程でいちばん大切なことは、西洋の価値を共有し、民主主義の実践とブルジョア革命を率いる伝統的な役割を担う成熟した中産階級の存在よりも、近代化に必要な制度上の計画を実行し、政治的安定を保障できる持続的なリーダーシップの存在であった。ハンティントンは一九六〇–七〇年代の近代化論の信奉者たちと同様、近代社会が民主主義秩序をつくりあげることより、伝統社会にみられた無秩序という化け物を排除し、またその徘徊を未然に防ぐことに関心があったのだ。彼の主著『変革期社会の政治秩序』にみられるように、ハンティントンの目指したものは、「経済発展、つまりその主題である経済的後進性と停滞の問題」をあつかった人びとのそれと似ていた。ロストウのような「産業化過程」の実現を好んだ開発経済学者の例をみればわかるように、彼の関心もまた、近代化に乗り出した社会が、そこから生じる過剰（混乱、紛争、軋轢、相克）を封じこめるためにどのように政治的安定を獲得できるのかを理解することであった。ハンティントンは社会の近代化——「民主主義、安定、構造的差異化、成功のパターン、国民統合」——を政治の近代化から切り離し、「政治システムの最終的目標と考えられている諸価値（自由の保障や正義・平等の配

＊1　Gabriel Almond. 一九一一–二〇〇二。スタンフォード大学の政治学者。
＊2　James Coleman. 一九一九–一九八五。UCLAの政治学者。
＊3　David Apter. 一九二四–二〇一〇。イェール大学の政治学者・社会学者。開発・発展の問題を比較研究した。
＊4　Joseph LaPalombara. イェール大学の政治学者。

分）をシステムそのものに帰する」誘惑に対して警告を発していた。つまり、政府にとってもっとも重要なことは、社会の安定化を図るにはあらゆる政治統制のあり方（権威主義的統制も含めて）に目を配りながら、政治秩序の枠組みをまもることなのである、民主主義はそのあとに訪れるであろうと。実際、近代化の過程は、民主主義への趨勢を蝕み、「民主主義の侵食」現象を引き起こしながら、軍事体制や一党独裁をつくり出す傾向にあった。さらに、社会の安定は、一連の反乱、クーデタ、暴動によって迂回され、発展途上国での政治の近代化は新しい政治組織の形成のための動員と参加を意味したにすぎない。ハンティントンが積極的に受け入れた途上国の伝統的エリートの力と彼らが政治の近代化の過程で果たす役割は、じつはこれらエリートたちが権威的政治のもとでいかに近代的変化を妨げ、さらなる政治的不安定を引き起こすことになるかを証明していたのである。ハンティントンが思い描いた「伝統的な人間」から「近代的な人間」への変化は、「価値、態度、期待における根本的な心理的転換」を含むものだった。この変容は、特殊な忠誠心や家族、同族、村への帰属意識からより広範な階級、民族、「普遍的価値への依存」といった非人称的な関係への画期的な跳躍を意味した。この新世界は、時間をかけて成熟していくものであり、それが途上国に根づくまでには長い時間を要すると彼はみていた。それは、ヨーロッパ・アメリカの合理的な資本主義社会に近づくことであるが、途上国が短時間で到達できない高度の発展段階であるとされた（この点で、彼はアイゼンシュタットとは立場を異にしていた）。この議論の立て方は、ハンティントンがのちに『文明の衝突』で論じた政治的安定の実現に失敗した（野蛮な？）非西洋社会の台頭と、それに抗して立ちはだかる統一された西洋文明のイメージを予感させるものであった。

この点からすると、ハンティントンはすでに「流動的人格」（mobile personality――ダニエル・ラーナー[*1]の〝古典〟である *The Passing of Traditional Society: Modernizing the Middle East*（「伝統社会の終わり」）から引用された言葉）の出現を指摘していたといえよう。アレックス・インクルズ[*2]やデヴィッド・スミス[*3]のような社会学者は、六つの発展途上国にかんする膨大なデータを駆使し、「流動的人格」、つまり「近代的になった者たち」の由来を明らかにしようとした。インクルズとスミスは、彼らが自信をもって「総体的な近代の物差し」とよんだ解析方法を

＊1　Daniel Lerner. 一九〇七－一九八〇。しばしば近代化理論の父と称される。ウィスコンシン大学マディソン校で社会学を教える。
＊2　Alex Inkeles. ？－二〇一〇。スタンフォード大学で近代化論、社会心理学、政治行動、国民性などを教えた。
＊3　David Smith. 一九三九－。ボストン・カレッジで社会学を教えた。

駆使して、「流動的人格」という「理念型」に実態をあたえようとしたのである。「われわれが導き出した結果は、実際に生きている個人が近代的人間のモデルと一致することを確実に証明している」と彼らは結論づけた。「顕著な個人の能力」と彼らがよぶものを誰もが持ち具えていると。それは、個人的な行為において「伝統的な影響力から独立・自立する能力であり」、「新しい経験や考え方」への準備があり、「認知力にかんして」開かれた「柔軟性」を持ち合わせていることである。インクルズとスミスはマルクス、ウェーバー、ロバート・レッドフィールド、[*1]デヴィッド・リースマン、E・V・ストンクイスト[*2]のような思想家がつくり出した「理念型」に実態をあたえることに成功したと誇った。

ウォーラーステインが七〇年代に「世界の社会科学」とよんだ近代化論を支えていたイデオロギーは、社会がどのように無秩序を克服し、成長のための安定を実現できるかを論証することに力を注いだ進化論の語りであった。そしてこの〝科学〟は、新興国の学問的研究と援助や開発支援の野心的なプログラムの立ち上げにもっともふさわしい社会理論となっていった。成長と安定化のこのパラダイムを権威づけたのは、戦後のアメリカ社会が獲得した地位、つまり他の社会がまだ手にしたことのない豊かさを実現し、したがって他の社会にとって経験的なモデルになりうるという自負に裏づけられた立場であった。ジェフリー・アレクサンダーは、近代化論を戦前の軽率な楽観主義と過剰な期待に対する現実主義者の拒絶（彼はこれを「デフレ」とよんだ）と理解した。近代化のパラダイムが熱烈な歓迎をうけたのは、それがほんとうに実現した豊かなアメリカ社会を反映しているからだと説明した。しかしわたしには、アレクサンダーの評価は、左派の批判から社会科学をまもろうとする必死の努力のあらわれのように思えてならない。つまり、近代化を袋小路として批判し、そのパラダイムがベトナム戦争と緊密な関係をもつイデオロギーにほかならないと攻撃した左派論客からのものである（もちろんこの批判は、近代化を正当化し、帝国的野心とふかくつながっている現代の社会科学にもむけられている）。アレクサンダーが「デフレ」と説明したもの――ダニエル・ベルのイデオロギー終焉論にみられるアメリカ社会科学の無邪気さに終止符を打つこと――は、じつは戦後のアメリカ社会の物質的〝成功〟に裏づけられた自惚れ以外のなにものでもなかった。ベルは、アメリカの繁栄はすばらしい未来、つまり世界的収斂と統合という来たるべき新時代を用意していると確信していたし、それをアレクサンダーのように

＊1　Robert Redfield. 一八九七－一九五八。文化人類学者。
＊2　E. V. Stonequist. 一九〇一－一九七九。社会学者で、影響力をもった *The Marginal Man* を一九三七年に発表した。

「過剰」として評価するのは、かならずしもベルの論拠そのものを否定しているわけではなかった。アレクサンダーは、こうして楽観的な世界像と国家の開発政策から近代化論を引き離すことで、それを現実的で有効な社会科学として救い出そうとしていたにすぎない。これほどまでに楽観的信条が繰り返し語られたことは、近代化論以外の学問分野ではなかっただろう。

IV　パラダイムの実践

近代化論が台頭するにつれ、一方で社会科学は世界の舞台で躍進しつづけ、他方、近代化論の約束を献身的に促進しようとする国家があった。この二者に大きな力をあたえたのは、ある規範的モデルにしたがって世界を再構成することこそが今いちばん望まれている、という信念であった。開発は、世界経済へアメリカが参入できるように、また、資本主義が拡張しつづけられるように設計され、安定した国際環境をととのえることに専心していた。まさにこの特殊な関心が、近代化論者たちが伝統社会にみられる無秩序を心配し、安定を確保できるようなモデルを求めた理由でもあった。冷戦における二国間の争いは、発展をめぐるふたつの異なる経済体制間での競争として理解された。しかし、ソ連もアメリカもみずからの帝国的野心を覆い隠すことはできなかった。ベルリンの壁が崩壊し、社会主義が終焉してはじめて、アメリカは利他的な道徳主義を語ることがゆるされたのである。その道徳主義が近代化や発展の名の下に、先制的軍事占領・征服のような直接武力行使を正当化していることはいうまでもない。帝国的介入の目的は、今流行りの言葉でいえば、不安定な政治体制に秩序を強要する「政体転換」(regime change)である。より〝望ましい〟原理を打ち立てるために、政治秩序をつくり変えるという理由から、開発のプロジェクトは、現地の主権(者)を無視することになる。伝統的無秩序を抑えこむための近代化政策という一昔まえの考え方は、いまだにこの帝国のプロジェクトに見てとれるだろう。現在の近代化政策が目指すものは、昔もそうであったように、アメリカ資本の拡散を脅かす不安定な要因を除去するような方法で世界を再構築することである。

冷戦の三つの世界

社会科学は戦後世界を分類して、第一、第二、第三世界からなるとした。この三つ組の図式は冷戦の切迫した状況への反応として生み出され、それは、カール・プレッチ[*1]が「三つの概念的世界」とよんだもの——一九五〇-六〇年代から現在にかけて「社会科学の分業のあり方」に大きなインパクトをもった構造——と重なり合っていた。この分業は、所与概念として社会科学の方法に取り入れられ、近代への近接性という物差しで世界を差別化するためのレンズの役割を今日にいたるまで果たしてきた。近年になって、南北という分類の仕方が現代世界の構成をより正確に言いあらわしているといわれ、冷戦後の世界で世界的な統合をおこなう上で、より適した定義と見なされるようになった。ほとんどの社会科学者にとって、第二世界は以前のような第一世界に対抗する立場を固持する勢力ではなくなり、消えゆく影の存在となった。冷戦中、第一世界が競い合って必死に自分の陣営に呼びこもうとした第三世界からすらも、見向きもされない存在へと地位をおとしてしまった。一方で、第三世界というカテゴリーは、「未開」「野蛮」「野生」など、一昔まえの差別用語を言い換えたにすぎない。その概念の根底には、西洋と東洋、近代と伝統、進歩と停滞といった近代化論の比較研究を支えてきた二元論が横たわっていた。これら一連の差別的な言葉は、アジア・アフリカ諸国の騒々しくうごめく〝無知な〟大衆のイメージを彷彿させる。そして、とくに「伝統」という表現は、そのイメージを要約するものとして理解された。第三世界という範疇は、

＊1　Carl Pletsch. コロラド大学デンバー校で歴史学を教える。

社会科学や地域研究プログラムのなかでひろく使用されていたけれども、それがもつ魅力は、ヨーロッパ・アメリカの外で起こっている現状をより的確に言いあらわす他の言葉――「低開発」「新興国」「非西洋」――の台頭によって消え失せた。この新しい言葉が、非共産主義国の政策研究や学際的プログラムで使われるときは、ソ連やその同盟国も含んでいたことに留意しておこう。第二次大戦の終結後、ソ連の台頭、イギリス、フランス、オランダ帝国の脱植民地化、新興国への主権移譲が進むなかで、ハーバード大学では最初の地域研究プログラムが設置された。同様に、コロンビア大学ではロシア研究がさかんになる。いずれのプログラムも、アメリカ政府の政策決定過程ともふかく結びつくものであった。

地域研究は、かつて植民地であった社会や半植民地の状態にあった中国などにかんする専門知識を提供することで、トルーマン政権の国家安全保障の一役を担うようになった。近代化論は、社会科学がよりひろい領域で力を発揮する道を開き、地域研究が社会科学の重要な一部となる方法を提供したのだ。しかし、ここで認識しておくべきことは、近代化が地域研究にとって唯一最大の使命であり、その理論的支柱であり、地域研究が社会科学から何をえられるかを決定づける根本的な存在理由となったことだ。アメリカにおけるこの社会科学、近代化論、地域研究という三位一体の関係は、なぜこれほど多くの研究が開発途上国に集中し、政策や開発プログラムの実行において大きな役割を果たしたかを説明する鍵となる。したがって、開発のための政策にかんして、この三つの学問的立場を区別することは困難である。第三世界を近代化することがアメリカの責務となり、南アジア、アフリカ、ラテンアメリカ、東アジアのような地域の総体的な研究をおこなう機関が急速に広がった。そこでは、発展の成功にもっとも適している制度的・政治的・社会的、そしてとくに文化的条件を見極める作業が急速に進められた。プレッチは一九八〇年初期に近代化論と世界の三分割の切っても切れないつながりを指摘している。当時、彼の議論はすでに意味を失ったものとして無視されていたが、こうして振り返ってみれば、それは早まった判断だったことがわかるだろう。近代化論は、新進化論と歴史主義に支えられながら、この伝統という劣悪な金属を近代という高価な合金に変えてくれる魔法（もしそんなものがほんとうにあるとすれば、愚か者の金ということになる！）を提供できると豪語していた。そして、この魔法こそが、世界の〝救済〟という人類の夢を叶えてくれると主張した。このおとぎ話は、一昔まえの啓蒙主義の世俗化がもたらした進歩の物語であり、地上に舞い降りる神々しい都市、ヘーゲルの「歴史の終焉」、パーソンズの「選ばれた者たち」をすべて抱き合わせたものだった。

さらに、もし地域研究と近代化が逃れがたい同盟関係を築いたとするなら、それは、近年になって「非西洋」や「未開発」として分類された多くの社会が経験した植民地支配の暴力と抑圧を完全に否定する効果をもっていた。この事態こそエドワード・サイードが、植民地制度(オリエンタリズム)を言説レベルで支え、いまだに学問をとおして再生産されていると批判した知の権力をめぐる問題である。アメリカの大学では、地域研究がさまざまな授業をとおして植民地主義と帝国主義が演じてきた役割を引き継ぎ、オリエンタリズムの再生産に貢献してきた。あとで検討するように、この地域研究のオリエンタリズムは、新しいかたちで英文学部やカルチュラル・スタディーズの学部へと飛び火し、地域研究自体は依然として近代化のパラダイムと冷戦下の開発をめぐる政治、世界の資本主義的統合という課題を維持している。この問題はあとでふかく考察することにしよう。

冷戦期のただなか、自由主義を基調とした社会科学は、驚くほど多様な地域にかんする研究を生み出す傾向を強めていった。これらの地域は、多かれ少なかれ、あのロストウのいう「離陸」の初期段階を占めていると見なされていた。多くの研究は、世界のより貧しい地域に集中していたが(フランスやイタリアですら一九五〇年代に近代化の過程を経験しているにもかかわらず!)、その目的は、とくに三つの非西洋社会が注目され、異なる近代化の戦略がどのようにちがった結果を生み出し、非同盟国にとって肯定的、あるいは否定的なモデルとして機能するかを見極めることであった。インド、共産主義中国、日本がそれである。最初の二国は、植民地あるいは半植民地の経験をもち、三番目の日本は、近代化を早いペースで達成したがその出だしが後れてしまった例として理解された。日本は、一時的にはファシズムと軍国主義に逸脱してしまったが、アメリカの軍事占領でみごとに正常な岐路へと旋回した一方、中国は新しい環境にうまく適応することに失敗し、共産主義革命の餌食となったとされた。そしてインドは、脆弱な民主主義の例として取り上げられ、その植民地の遺産は、独立後の近代化にイギリス統治がどれほど貢献したかをしめすためだけに思い出されることになった。このような歴史理解への批判として、ポストコロニアルの言説とサバルタンの歴史学が誕生したのである。パーソンズの社会学と近代化論に批判的だったバリントン・ムーア[*1]でさえ、近代化に対するインドの対応は、イギリスの征服以前にあったさまざまな障害物のために挫折したと見なし、イギリスの植民地支配構造はムガール帝国の政府をそのまま継承したにすぎないと論じていた。この立場は、あの悪名高いケンブリッジ学派の歴史理解を

＊1　Barrington Moore. 一九一三－二〇〇五。歴史社会学者で、『独裁と民主政治の社会的起源――近代世界形成過程における領主と農民』を著し、シカゴ大学、ハーバード大学などで教鞭をとる。

反復してしまう結果におわったのである。さらにムーアは、近代化が挫折した理由を、本来はイギリスの収奪に見てとるべきところを他の要因に求めてしまっている。つまり、ムガール帝国や大英帝国のような「外からの征服者」とともに、地主や高利貸したちが国の膨大な貧農層が生み出す経済余剰を吸い上げてしまったことに、インドの近代化の挫折の原因を見出している——イギリス統治下のインドは、ムガール人たちからはじまった経済的停滞の上に成り立ち、それは現在までつづいていると。しかしムーアは、イギリス人は「典型的な地主エリートと脆弱な官僚制の反動的結託」（おそらくファシスト日本やドイツの状況を考えていたのだろう）を回避するのに役立ち、独立成立後に制度化された政治的民主主義への道を開いたと考えていた。ただしほとんどの近代化分析者たちには、インドの制度は脆く、社会体制が近代化されていないことから、不安定でありつづけるものにみえていた。ムーアはおそらく無意識のうちに、植民地支配の抑圧的特徴を過小評価し、独立後のインド国家に民主主義をもたらすのに貢献した持続的な政治的遺産を歓迎したのだろう。さらに重大なことは、すでにバンドン会議とふかくつながり、中立的な第三の道を望んでいたインドが、アメリカの期待——アメリカ型の経済政治面での近代化——に応えることに失敗していた事実を見過ごしていたことであろう。そのような意味で、日本は理想的なモデルとなっていった。日本は、半永久的にアメリカ軍隊の駐留を認めることで、植民地的・従属国的地位を受け入れることになった。そしてその見返りとして、資本主義的繁栄を享受したのだ。中国は、エリートによる統制と地方での生活を改革しようとした国民党ナショナリストたちのみじめな失敗と、相変わらず持続する地主制とが、膨大な数にのぼる貧農を共産主義運動へと向かわせていった。貧農たちは土地所有と血族関係の結びつきを破壊して、長年つづいた支配関係から自由になり、強力な階級対立を醸成するにいたる。効果的な近代化戦略（これはムーアにとって民主化を意味した）として、ロシア革命をはるかに凌ぐ「容赦なき恐怖」政治をおこなう中国は、貧農のなかに革命の勝利の鍵をみつけ出したのである。こうして、中国の例が暴力やテロのイメージにふかく結びつく一方で、国家ファシズムと帝国戦争をおえたばかりの日本は、皮肉にも、平和と成功のイメージで語られることになる。

一九六〇－七〇年代に日本が近代化のショーケースとなった頃、ムーアがそのファシズムの経験――近代世界に後れてやってきたものの呪い――に注意をむけ、この近代化を理想化するのを避けようとしたことは正しかった（ムーアのファシズムの研究書が出された頃までには、日本ファシズムにかんする記憶は近代化の熱心な支持者によって打ち消されていた）。ムーアの研究の目的は、近代化に特有の社会・経済的パターン（民主化）の分析に比較研究の枠組み入れることであった。しかし、彼の歴史社会学は、アメリカ、イギリス、フランスのような社会がたどった民主化への道筋が正当であるという近代化論の立場を再確認したにすぎなかったのである。ムーアが著書を出版した一九六〇年代の歴史的状況においては、彼の自由主義的批判は、社会科学がすでに論じていた近代化論――どのような発展の道筋を歩むことが政治的民主主義の実現を約束し、どのような戦略が民主化の発展を妨げ、遅延させ、脇道へ逸らせる結果を招くことになるか――を補強する役割を果たした。さらにムーアは、植民地主義の有害な影響や新興国にいまだにつづく負の遺産を強調することはなく、脱植民地後の政治的・経済的近代化を理論化することに力を入れた。彼の論理――近年の新帝国主義者たちがその極限まで推し進めた論理――にしたがえば、日本はイギリスに植民地化されたほうがよかった、ということになってしまうだろう。

アメリカの『モロー博士の島』

ムーアのような研究者が、日本の歴史的経験と近代への「常軌を逸した」たどり着き方について厳しい見解をもっていたにもかかわらず、冷戦のただなかにあったアメリカは、日本の近代化を平和で安定した軌跡をたどった成功例として高く評価していた。実際、日本の近代化の経験は、戦前のファシズム、帝国主義、植民地主義を忘れさせるほど（その記憶は、意図的に消されたといったほうが正確かもしれない）、成功しているようにみえた。歴史家や社会科学者がこれら戦前の問題を取り上げたときは、本来日本がたどるべき道を一時的に踏み外した些細なできごととして議論されることが多かったのだ。ファシズムの記憶を忘れ去ることは、近代化のモデルを完璧にみせ、のちに開発派の歴史家・社会科学者が日本の植民地主義は、朝鮮や台湾のような旧植民地の近代化に重要な役割を果たしたと主張するための必要条件となっていった。アメリカが日本に望んでいたことは、〝非西洋〟国が〝非革命的〟な近代化に成功した象徴となり、アメリカの占領政策と日本の野心的な試み――冷戦競争で戦略的に重要な役割を果たせるような社会に変質する――に正当性をあたえることであった。ある意味で、これは歴史的な皮肉の再燃といえるだろう。つまり、日本が一九〇四－〇五年の日露戦争で課せられた役割を、まったく異なる歴史的文脈のなかでふたたび演じることを意味していた。近代化を推し進め、隣接国を植民地化し、西洋諸国が支配する世界秩序のなかで地位を固めつつあった日本は、皮肉にも、白人の植民地主義を世界から駆逐し、独立を獲得することを熱望していた多くのアジア人の敬意の的となっていったのである。そして半世紀後に第三世界の非同盟国は、日本のファシズムの経験を手際よく回避しながら近代化の経験を模倣することを期待されたのだ。しかし、戦後が戦前と決定的にちがうのは、アメリカはみずからの帝国的な近代化の概念を広めるためのマスクとして日本を担ぎ上げ利用した（もちろん日本も積極的にその役割を演じたのだが）ということである。それはまた、日本に普遍的な発展のモデルの役割をあたえながら、日本の成功をそれ独自の文化的資質に帰着させるという矛盾を演じることでもあった。日本がアメリカよりも優れていると論じられ、一九八〇年代には"Japan as number one"とよばれるようになったことは、周知の事実である。それも結局は、一時的な現象にすぎなかったが……。

冷戦時代に日本を近代化のモデルへと仕立て上げた過程には、ふたつのふかく関連する力がはたらいていたように思う。そのひとつは、一九四五年から五二年までのアメリカの軍事占領とその後の安全保障条約のもとで継続した、アメリカの圧倒的な存在であり、もうひとつは、日本の近代史を近代化の模範として描こうとする一九六〇年代と七〇年代、そして八〇年代初頭までの社会科学の取り組みである。実際、占領期には近代化の語りが圧倒的な力をもち、その効果は、近年アメリカがイラクに侵攻したときに成功例として持ち出されるほどであった。かつての敵国日本は、またたく間に友人となったが、けっして同等のパートナーとしてではなく、戦後世界に覇権を築きつつあった帝国に依存するクライアント（子分）という地位をあたえられたのである。

アメリカの軍事占領は、一九四五年から五二年にかけて連合国軍最高司令官をつとめたダグラス・マッカーサーのもとで進められた。彼は恥知らずにも、ローマ帝国の植民地総督（もちろん、ローマの公民服であるトーガとサンダルは身に着けていなかったが！）の役割を演じ、独立国をあたかも巨大な帝国の植民地であるかのように支配した（イラクを占領したジェイ・ガーナー大将、ポール・ブレマー三世大将ですら、マッカーサーがえた巨大な権力にはおよばない）。アメリカの日本占領は、他の帝国的植民地化の歴史的例とは一線を画していた。それは、近年になって「政体転換」とよばれるようになった戦略、つまり日本人とその社会を根底からつくり変えるという行為を意味した。日本の占領は、一九三一年にはじまった太平洋・アジア地域における長く、残虐な戦争のおわりを告げた。占領は、日本ファシズムの論理にしたがえば、文化と社会の変質にふかく関わっていた〝アメリカニズム〟を国から排斥するための戦いに敗れたことを意味した。一方、アメリカにとっては、悪の枢軸ともよびうるヒトラー、ムッソリーニと手を組んだ日本のファシズム体制の崩壊を告げるものであった。戦争で疲れ果てた日本国民は、アメリカ軍の到着を喜んで迎えることもなければ、歓喜のなか街頭で乱舞することもなかったし、占領軍への抵抗を組織することもなかった。アメリカ占領軍の目論みは、敗北した国を彼らのおかした過ちから立ちなおらせるという消極的なものではなく、その国を〝正常〟に機能する民主社会へとつくり変えるという尊大な野心だったのである。彼らにとって、正常に機能する社会とは、中小規模の資本家からなる社会・経済基盤の上に立ち、農地解放をおこなうことでプチ・ブルジョア農民階級を生み出し、それによって発展するものであった。この改革が戦後、自由民主党の覇権の経済的・社会的基盤をつくりあげていった。

中国国民党の崩壊が確実になるにつれ、日本がアメリカの同盟国としてより重要な役割を演じなければならないという認識が前面に押し出される。占領軍の官僚・立案者たちは、近代化論をアメリカ社会科学に広めたパーソニアニズム（Parsonianism）がロマンティックに語ったアメリカの小都市・田舎町（中小規模の白人ブルジョアが築いた郊外に広がる小都市）をイメージしながら、近代化のモデルを組み立てていくことになる。このアメリカ軍による日本社会の語りなおしは、のちに社会科学研究の中心的な筋書きとなるのだが、冷戦を戦うなかで自由世界の規範的価値を保存し、共産主義革命の拡散を阻止するために放たれた第一弾だったといえよう。資本主義の発展を、政治的に歪んだ特殊な勢力に対抗する「普遍的で合理的なエートス」と位置づけ、革命的大変動の脅威に勝る平和的な転換を約束するものとした。その意味で、近代化は第二次世界大戦によって失墜した帝国主義と植民地主義が形を変えたパラダイムにすぎない。というのも、帝国主義と植民地主義が正当性を失ったのは、それらが支配、搾取、暴力的な抑圧を象徴しているという一般的な合意が形成されたからではなく、むしろ、それらが宗主国の利益につながらないという打算的な理由によるものであったからだ。日本の軍事占領とその影響のもと、屈折した展開をみせた社会科学研究は、帝国主義と植民地主義が過剰な領土的野心をもたないものへと変質したことを物語っていたのである。しかし、これらの新しい事態の下ですら、帝国は領土的野心を完全に放棄することはなかった。アメリカは、終戦直後から築き維持していた多くの軍事基地を、日米安保条約の枠組みをとおして半永久的に手に入れることができたのである。

日本は、社会を構成するもっとも重要な行動的・制度的様式をつくり変えるためのアメリカの実験室であった。この実験は、帝国史のなかでもおそらく前例のないもので、あのH・G・ウェルズの小説の残虐で狂気にみちた、しかし「巧みな生物学者」モロー博士の実験を思い起こさせる。たしかにモローは島全体を、下等動物たちを人間につくり変えるための実験室にしてしまったが、アメリカが日本でおこなった実験の規模は、ウェルズの小説のそれをはるかに凌ぐものであったといえよう。アメリカの為政者や研究者はつぎのことを確信していた——彼らの指導のもとで政治的・経済的・教育的・社会的改革をおこなえば、ルース・ベネディクトが描いたような従順で恥の文化を生きてきた日本人でさえも、自己の利益を合理的に理解し、責任ある賢い判断ができる民主的（プチ・ブルジョア的）市民に生まれ変わることができるのだと（ヴィクター・コシュマンが『戦後日本の民主主義革命と主体性』で論じたような歴史、つまり日本人自身が当時、民主的・革命的主体性を活発に論じ、実践しようとしていた事態はまったく無視された）。しかし、占領政策が日本人に植えつけようとした新しい民主的主体性は、その政策の執行のされ方、つまり、従属した日本国民をあたかも物体のようにあつかい、改革を押しつけたために、実現することはなかった。なおさら、占領軍がマルクス主義や社会主義によって構想された民主的主体性を認めるはずもなかった。いかなる批判的・自立的主体もアメリカの占領政策にとって不都合であったというのが、その真実である。この主体性を無効にすることで〝主体〟をつくりあげる戦略は、冷戦の下で勝者と敗者、占領軍と従属国、主体と客体というヒエラルキーを維持する必要から生まれたものので、日本ではじめておこなわれた実験だったといっても過言ではない。この骨抜きにされた主体の構築という戦略こそ、近代化論（資本主義）を現実的なレベルで機能させるために帝国が必要とした支配原理であった。アメリカの戦略は、けっして過去のものではなく、アメリカとヨーロッパ・アメリカ圏外の諸国との関係をいまだに規定しているヒエラルキーの帝国的構想（仮にそれがアメリカの妄想であったにしても）の核をなしている。

占領軍の〝実験〟は、不気味にも、下等動物をまっとうな人間――ひづめのかわりに歪んだ五本の指を誇らしげに掲げる獣人にすぎないのだが――につくり変えようとしたモロー博士のそれを想起させる。この前代未聞の社会的実験では、ある生理学的（人種主義的）側面を内に秘めながら、軍事的占領という統制された環境のもと、粘土から彫塑するように日本人の改造がおこなわれた――彼らがいつの日か完全なる民主的な主体に生まれ変われるようにと。占領政策はベネディクトが描いた日本人像を維持し、その過程で彼らを二等人種・子分的な地位へと追いやった。日本人は、けっしてあたえられることのない対等の地位がいつかやってくることを待ち望む、文字通り〝倒錯し〟〝歪んだ〟〝醜い〟人種としてあつかわれた。アメリカ人が日本人のために書き上げた新憲法は、明治時代の欽定憲法には認められなかった基本的な権利を保障し、第九条において戦争の放棄、のちにもっとも重要な民主的な遺産となる法律（現在、改悪される深刻な危機にさらされている）を日本人にプレゼントしたのである。しかし、それと同時に占領軍は、天皇（裕仁）に戦争責任をとらせる代わりに、彼を救い出し、真の民主化（民主的主体性はもちろん）をつぶすお膳立てをしてしまった。その結果、アメリカに支持されながら、戦後の一党支配体制はでき上がり、半世紀近くも生き永らえることとなる。この一党体制の長命は、歴史上、メキシコの制度的革命党（七一年間政権を握っていた）以外に存在しない。すすんで民主化（資本主義ではなく）をなし崩しにしていくアメリカのやり方は、イラクを統治するためにバーシスト（バース党、アラブ・ナショナリズムによる一党支配体制のもと、半植民地革命と改革を進めた）を使うそのやり方に反映している。

つまり占領軍は、アメリカの政策が日本を「自由」と「民主」の国に〝改造〟し、一九三〇年代に逸脱してしまった「正常な」道へと導きなおすことを目的とする、という語りをつくりあげた。この語り口こそ、生産の資本主義的編成をふたたびよみがえらせ、戦後日本で盛り上がった労働争議などを極力抑えこもうという一九四七－四八年にみられたアメリカの対日政策の大きな変化を反映するものであった。戦中の日本軍事政権が、国を戦争に向かわせる理由を説明する必要を感じなかった一方で、戦後の近代化の物語は、日本の復興が、たえまなく進化・適応しつづける歴史の法則のあらわれであり、またなぜ戦中の日本が自由主義的政治発展に背を向け、進化の法則から逸脱してしまったのかを説明する必要から生じたのである。日本は、本来歩むはずであった民主化の道を一時的に踏み外したにすぎず、それは、近代社会が生み出すストレスや重圧を和らげることに失敗した未熟な社会システムの「機能不全」のためであるとされた（それゆえに占領軍は、財閥や企業連合に対して、小規模の資本家階級を生み出すことに力を入れたのだ。皮肉にも、財閥は戦後まもなくよみがえるのだが）。この議論の仕方は、人間社会をあつかっているというより、給水管の汚物を取り除くための工事のような機能主義的社会秩序の概念を支持するものであった。

しかし、日本は軍事的占領に主導されて、民主的使命とふたたび出会うことができるとされた。小規模の生産者やビジネスを大切にする市場経済というファンタジーをつくりあげ、そこから導き出された道具主義的合理性の諸価値とあらゆる生活手段の進歩的な近代化は、〝民主的なもの〟として読み替えられた。日本を、望ましい近代化の陳列物として世界に知らしめようとしたこの態度を根底から支えていたのは、占領期の〝経験〟であり、一九四七年以降日本社会を改造することを決めたその政策である。実際、占領という経験はのちになって、日本の近代化過程における決定的に重要なエピソードとして思い出されることになる。五〇年代から活躍しはじめる一群のアメリカの専門家たちの研究・著作は、組織され、経験的に裏づけられた権威に支えられながら、日本国民の歴史を、適応力と統合力に優れ、すばらしい大転換をなし遂げた例として語りはじめるのだ。日本の近代化の提唱者たちがつくりあげたイメージは、日本の歴史は社会がどのように封建的秩序から平穏に進化しうるものかをしめしてくれるというものである。封建社会の価値は、けっして否定的なものだけでなく、同時に社会変化が生み出す暴力的革命を回避し、無事に近代へ移行するのに役立つとされ、望ましくない（非合理的な）遺物は、合理性の「普遍的な溶剤」によって最終的には消滅していくものとされた（しかし、アメリカ占領軍が天皇制をなんとか存続させようとした例にみられるように、このような非合理的な制度や慣習の自然消滅は起こるわけもなく、それどころか、原始的で農村的な秩序、それにまつわる信仰、価値、儀礼は象徴天皇制のなかで復活をみる）。一九七〇年代になると、歴史を超越して生きつづける揺るがない伝統的価値、すなわち、封建的無意識はそのイデオロギー性を発揮し、この例外的な国民文化のおかげで、日本は戦後の目まぐるしい経済的・技術的発展をなし遂げたのだという議論を生み出していく。その意味では、占領は、戦後という大きな歴史的断絶にあって、過去と未来をイデオロギー的につなぎ合わせる仲介役を演じたといえよう。逆説的ではあるが、かつてマルクス主義者が日本の不均等な資本主義発展の原因であり、日本国民をファシズムと帝国主義へと導いたとした封建的無意識は、近代化論者によって近代化の成功の主要因とされていった。

近代化の熱心な推進者たちは、日本の柔軟な文化はかつて西洋を世界の最上位へと押し上げた合理性のそれと類似していると指摘した。彼らは、合理性の力を議論の中心におき、日本人がそれを政治的にうまく使ったことが、日本の輝かしい発展とその歴史的意義とを説明すると主張した。この見解は、一九六〇－七〇年代に入って、大衆文学へと広がり、徳川幕府の創設者家康やそのほかの為政者、企業家たちの知恵や経験がどのように近代の管理技術を先取りしたもので、役に立つものであるかを真剣に論じはじめた。日本の歴史にも合理的リーダーがいたことがいかに重要な意味をもつかを強調することで、日本を紛争から自由な、合意によって成り立つ社会であるとし、時には、自由民主主義よりも優れ、より効率的な社会であるとさえ論じられた（一九七〇年代に出版されたエズラ・ヴォーゲル著『ジャパン アズ ナンバーワン』はこの立場をいちばん代表するものだが、あのような粗末で稚拙な議論が真剣に受けとめられたことは、いまだに信じがたい）。説得力に富み、魅惑的なロバート・ベラーの『徳川時代の宗教』（英語版は一九五七年刊行）は、タルコット・パーソンズの理論を援用しながら、伝統宗教の慣習にこそ政治的に順応する価値が潜んでいるとした。ベラーはウェーバーやパーソンズが論じたように、この政治への趣向は、普遍的な価値よりも特殊な価値が重要であることを意味すると述べた。つまり、この趣向は、環境の変化にたいして高い適応力、順応力を提供しているとしたのである。宗教的・文化的価値の領域では、前近代の日本にも合理性の形態が存在していたことを発見したとベラーは信じ、それはプロテスタントの倫理と機能的に類似していると論じた。こうして、日本の伝統宗教は、近代以前にすでに合理化の傾向を予示していて、日本人が集団として生存しつづけるために必要な変化・改革をなすことを可能にする条件となった。ウェーバーが宗教と経済をつなげたように、ベラーは宗教と政治の緊密なつながりを強調した。このアプローチをとおして、ベラーは伝統的価値とされたものに積極的な意味をあたえ、物象化の危険をはらんでいたにしても、それらの価値は必要な調整をおこないながら長い歴史の試練を生き残ってきたからこそ動員されたのだという論を展開した。この点で、ベラーは彼自身が認める以上にルース・ベネディクトに近づいていた。この伝統的価値は、近代化にともなう変化が起こす衝撃をうまく吸収しながら、分裂と暴力を避け、社会の統合を保障するような機能を果たすとされた。

のちにベラーは、インクルズやデヴィッド・スミスの登場を予想するかのように、近代の問題は政治的・経済的なシステムにあるのではなく、「精神的現象」と「多様な心性」のみに見出されるアイデンティティの問題であると提唱するようになった。近代への変化は「社会心理的革命」を要求するのだと。合理化の過程を宗教・文化的価値につなぎ合わせることは、伝統がどのように社会変化を調停するのかを説明するためである。つまり進化の持続と合意の力を、対立と不和よりも望ましいものとして描くことである。しかし、それはさらに文化そのものを日本が自己正当化するための道具として利用する道を開くことも意味した——一九六〇年代に日本社会が民主化運動に敗北したことを正当化するために、日本人が依存するようになったご都合主義的な文化をめぐる議論に。この新しい文化主義は、日本の経済的覇権の世界的展開を、それ独自の文化的伝統の優越性に帰せられるとした。当時（八〇年代）、日本を真似ようとする社会が急増し、その眩暈がするほどの成功の〝秘密〟を解読しようというブームがおこった。疲弊する国民経済を活気づけるためのまったくばかげた特効薬や万能薬が出まわる結果となる。しかし、そのようないんちきな特効薬にすら、他の国は近づくことがゆるされていなかった。というのも、日本の文化はあまりにもユニークなゆえに、それは他者には閉ざされ、他国が真似ることなど不可能だとされたからである。この立場は、日本の近代化は独自の伝統文化価値によって導かれ、その成果は、パーソンズが「普遍主義」（ウェーバーとベラーはこれを西洋と同一視している）に対して「特殊主義」とよんだ価値の重要性を反映するものであった。こうして、ベラーの近代化論は、日本の近代化の成功を〝特殊的〟例（あるいは例外）として読みなおすことで、日本人は〝普遍〟を体現するアメリカ帝国の子分的地位を喜んで受け入れるという結論を導き出していった。

ベラーが社会の合理化をめぐる説得力のある理論を提供したとすれば、一方でエドウィン・O・ライシャワーは、政治的リーダーシップにかんして補足的だがとても重要な概念化をおこなった。ライシャワーはハーバード大学で日本史を教え、一九六一年から一九六六年までケネディ政権の下で日本大使をつとめた人物である。彼は、当時影響力のあったロストウの近代化論と反共産主義論を拠りどころに、日本がどのように近代への道のりにおいて過剰な利害・思想の衝突と政治的全体主義を回避したのかをしめそうとした。ある意味で、ライシャワーは、バリントン・ムーアが指摘した一九三〇年代の日本のファシズムへの傾倒とその原因をかき消そうとしたのだ。ライシャワーの見解は、ロストウ以外に、アイゼンシュタット、シルズのような社会学者、クリフォード・ギアツのような人類学者が論じた、近代化過程において西洋化された（合理的な）知識人と政治的リーダーが果たす役割の重要性にも影響をうけていた。この点では、ライシャワーは政治的民主主義には経済成長が不可欠であるとしたロストウのモデルとは異なり、エリートによるリーダーシップこそが民主制への鍵であるとした。ライシャワーにとって国家と官僚による経済（資本主義）統制が、成熟した合理的民主主義の証であった。近代化に後れをとった社会（ナチ・ドイツ、ファシスト・イタリア、ソ連、軍国主義日本）が経験した混乱と逸脱は、早急で革命的な発展を推し進めたために生じた「政治的偏向」のあらわれであり、「西ヨーロッパ、北アメリカ、オーストラリア、ニュージーランドのような民主的な国家」が歩んだ漸次的成長を欠いていたからである。しかし、日本は後れをとったにもかかわらず、集団的合意を尊重する文化から発展した伝統的価値の助けをかりて革命的混乱を避けることに成功した、とライシャワーは強調した。アメリカとの戦争は一時的な逸脱にすぎず、日本はアメリカにとって他者などではけっしてない。それどころか、日本人は同様の文化を共有する人びとであると。ライシャワーは日本の聴衆にむけてこう語っている。

世界史の観点からみれば、もっとも重要なできごとは、過去九〇年の日本の歴史である。なぜなら、日本は近代化のプロセスを加速し、西洋の様式をうまく利用することに成功した。しかし、それが偉大な成功を遂げたということは、まったくユニークな経験である。たしかに軍国主義のような多くの問題は生じたが、より大局的にこれをみれば、日本は成功例に数えられるべきである。日本の経験は、発展途上国にとっての教科書となるべきである。

しかし、ライシャワー自身が熟知していたように、日本によって提供された〝教科書〟は第三世界には真似できないものである。日本の伝統は例外的な文化によって成り立っていると彼は信じていたのだから。

V　近代化の回帰　求められる帝国

ベトナム戦争が社会科学の抱いてきた近代化と発展への主張を冷笑することになったとしたら、冷戦のおわりを告げたベルリンの壁の崩壊は、その主張の無用性をさらに露呈してしまった。しかも、冷戦のおわりは、社会科学が抱いてきた合理的な行動を促進することで大規模な社会変化を工作するという妄想を取り払い、それが分析の中心においてきた文化や伝統という概念を無効にしたようにみえた。その代わりに、社会科学は、個人がどのように合理的な選択を日常生活のあらゆる局面でおこなっているのかという、よりミクロなレベルでの研究にその関心を移していった（もちろん、この新しい合理選択理論というパラダイムが、世界を組織化したいという幻想から自由であるわけではない）。二極化された世界が存在しない以上、非同盟国を勝ち取るための競争は消え、したがって、近代化や発展を表立って推し進める必要もなくなった。一九六〇年代の世界的状況——ベトナム戦争に触発されてパリから世界へと広がった六八年の反戦運動・反体制運動がそれを象徴している——は、第三世界における民族自決運動を活発化させ、帝国が推し進めていた近代化の戦略に大きな打撃をあたえた——もちろん、先にもみたように、近代化の戦略は七〇‐八〇年代まで持続していくことになるが。しかし、この歴史的展開は、世界の二分化構造が消え去ったことを意味していたわけではなかったのだ。というのも、アメリカといわゆるその同盟国とされる子分的国家——イギリス、オーストラリア、日本、韓国、イタリア——対それ以外の国家という新しい世界構造が、冷戦後に形づくられていくからである。

社会科学は、近代化論をすっかり放り出してしまうのではなく、新しい歴史的展開によって生まれた事態にうまく沿うように、それを調整する努力をはじめた。しかし、かつて近代化論とその発展的志向を活気づけた自負心は、一九六〇‐七〇年代の世界にあって、疑問に付されることになる。合意型社会システム、民主主義と民族自決、自由市場、リベラルな多元主義、差異への寛容など、これらすべての価値観が問われることになる。ベトナム戦争勃発と帝国主義の新たな形態（世界銀行、IMF、世界貿易機構など）からの第三世界の解放を求める世界的社会運動は、新しい争点を生み出し、ジェンダー・性差別をなくし、そのほか多様な主体的立場の平等を要求し、権力と知の密接な関係性を暴こうとしてきた。さらに、この運動は、植民地統治が過ぎ去った後も、旧植民地社会に存続する悲惨と窮乏化からみえてくる過去の恐るべき暴力の記録を再検討することを主張したのだ。この運動を知的に支えたのは、旧植民地社会でさかんにおこなわれたマルクス主義の新しい解釈であった（これは、フレドリック・ジェイムソン、テリー・イーグルトンなどの知識人に代表されるマルクス主義における〝文化的展開〟を過小評価するものではない。しかし、この文化論は、所詮「西洋マルクス主義」とよばれたものを深化させたにすぎず、その西洋中心主義のために第三世界で失墜した「マルクス主義」とその裏に潜む西洋の自己同一性をまもるために必死になされた最後の努力であった、といえるのではないだろうか）。

西洋への新たな攻撃

一九六〇年代以降の新しい歴史展開は、近代化論を支えた社会的・政治的・文化的確信をその根底から揺さぶることになる。「西洋」のような統一性をもったカテゴリーに正当性をあたえていたアメリカの自負心と、そのカテゴリーにこめられた権威は失墜し、崩壊していったのである。この失墜は、西洋とその普遍主義的な立場への攻撃に新たな表現をあたえた。その表現の多くは、戦前に資本主義世界に組みこまれていった社会の反応を思い起こさせる。日本人が第二次大戦前に近代の超克を唱えながら、この攻撃の先頭をきり、植民地社会は彼らの独自性を破壊する資本主義の抽象化の波が押し寄せるまえに独自の感性をまもろうと反植民地運動に踏み出した。留意すべきは、一九四五年以降、西洋という概念が、冷戦を戦い、近代化のプログラムを推進することを可能にする強力なカテゴリーであったことだ。それは、地域研究の形成とふかくつながり、否定的に「非西洋」とよばれた地域の対極をなす枢軸を意味していた。この広大な影、あるいは闇のような存在となった「非西洋」こそ、アメリカの大学で社会科学のカリキュラムや調査・研究が対象とした地域であった。地域研究と近代化論、あるいはその実践のあいだに緊密な関係が生まれたために、帝国主義と植民地主義は真剣に検討されることがなかった。仮に議論の対象として取り上げられても、近代化の過程を促進するものとして理解された。この空洞は、のちに、植民地研究やポストコロニアル研究によって穴埋めされることになる。それは、ベトナム戦争以後の時代の到来を告げるものであり、一九七八年に出版されたエドワード・サイードの『オリエンタリズム』がそれを象徴していた。植民地研究とポストコロニアルの言説は、西洋と非西洋の区別を破壊し（サイード自身はそれに失敗はしたが）ながら、ある特定の地域（西ヨーロッパ）を近代の起源として特権化した地政学的認識構造――つまり、それが近代文明のリーダーとしてその他の地域を未開発状態から救い上げるという欺瞞――を解体したのだ。

しかし、ポストコロニアルの言説が地域研究にあたえた衝撃にもかかわらず、「西洋」という統一された概念は、特定の文化マルクス主義のなかに生き残り、消え去ることはなかった（雑誌『ニュー・レフト・レビュー』とその編集委員たちに代表されるように）。さらに、幽霊のように徘徊しつづけるシュペングラーのテーゼ「文明間の闘争」に新しい意義をあたえて右派を喜ばせている言説（ハンティントン）にも、「西洋」のアイデンティティはしっかりと保持されている。セオドア・フォン・ラウエ[*1]やハンティントンの理性的とはいえないような忠告が象徴しているように、これらの言説が「西洋」を崇拝することでなし遂げることは、ニール・ラザルス[*2]によれば、近代を西洋化と同一のものとしてみる視点を提供すること

＊1　Theodore von Laue. 一九一六－二〇〇〇。ドイツ（のちにアメリカ）の歴史家。西洋化がもたらす過大なストレスが、非西洋社会に社会主義、共産主義、革命、ナチズムを引き起こしたと論じた。

＊2　Neil Lazarus. イギリスのウォーリック大学比較文学教授。世界文学、ポストコロニアル・スタディーズを教える。

だ（日本人も一九四二年の「近代の超克」と名づけられた有名な座談会でおなじミスをおかしている）。この視点は、近代を西洋化という文化経験にすり替えることで、資本主義の問題をまったく置き去りにしている。すでにみたように、ハンティントンは、近代化の熱心な提唱者であったが、近年になって近代化と西洋化を区別しはじめた。西洋化は非西洋におけるあまりにも早い近代化のプロセスによって危機に瀕しているのだと、彼はいう。いずれにしろ、彼は文化的に統一され、空間的に自立した領域——西洋——への確信を緩めることなく、一昔まえの西洋と非西洋という構図をよみがえらせた。そして、地域研究に「文明の衝突」という新しい使命をあたえたのである。

地域研究と近代化理論が、国民国家という文化的統一体とその中心を占める諸価値の研究に相変わらずコミットし、資本主義と帝国主義の問題を回避したことはすでに述べた。しかし、ポストコロニアル言説もまた、植民者と被植民者、宗主国と植民地、年代記と歴史認識、過去と現在の複雑な関係をみごとに解明する一方で、資本主義が帝国的・植民地的事業に果たした役割を不問に付す結果となった。実際、ポストコロニアル研究は、サイードの介入以降、資本主義を近代という言葉に置き換え、「西洋」というカテゴリーを呼び覚ましながら、それを帝国主義の代替としてきたのである。ポストコロニアル研究は、地域研究からわずかに脱皮することに成功したのは事実だが、画期的な跳躍を遂げたように理解されてきた――それはあたかも、帝国主義と植民地主義の破壊的結末に対する鋭い批判とその責任所在の追及を可能にするような学問の新しい境地を開いたかのように。しかしそれは、帝国・植民地主義列強による略奪行為――フランツ・ファノンがかつて「あらゆる文化の略奪」とよんだ行為――の歴史をあからさまにしようとした脱植民地化直後のさまざまな活動家・知識人の決意にもかかわらず、サイードが「東洋」の概念に批判的考察をめぐらせながら西洋というカテゴリーを除去できなかった問題に象徴されよう。彼は、西洋という概念のもつイデオロギー性に気づき、それに警告を発していたのだが、それがひとつのまとまった文化的・文明的統一体として存在するように論を展開してしまったのである（酒井直樹によれば、日本の思想家竹内好のみが、終戦直後、「東洋」が「西洋」の対極概念としてつくり出されたことに気づいていた）。しかし、ポストコロニアル研究が、長いあいだ地域研究や近代化論が黙殺してきた帝国的植民地主義に注意をはらったことは確かであり、歴史の周辺に追いやられた人びとに声を上げる機会をつくったことも重要な貢献として認められるべきだろう。この周辺こそ、支配階級が資本主義的近代の端緒から、下層民たちを統治・管理してきた場所にほかならない。その意味で、ポストコロニアル研究は地域研究の正当な後継者であることを証明したといえよう。それにもかかわらず、略奪の歴史に決着をつけ不均等な世界を是正したいという欲求は、統一された「西洋」というゆるぎない幻想に依存しつづけることで放棄され、妥協されたのである。ポストコロニアル研究が唱えた「ヨーロッパを地方化する・脱中心化する（Provincializing Europe）や「ヨーロッパ中心主義を非思考する」（Unthink Eurocentrism）という立場は、ヨーロッパ・西洋それ自体の自己同一性を疑問に付すのではなく、その統一性をたもち、再生産する結果をもたらしてしまった。つまり、ポストコロニアル研究が好んで使う「近代」という言葉のもつ中立性は、社会を抽象化し、非物質化する資本の運動のそれとふかく呼応しながら、ポストコロニアルの言説の根拠として、また植民地史を現代に残る知的・文化的遺産として語りなおすために「西洋」をよみがえらせてしまったのである。資本主義のような歴史的に流動的なカテゴリーを、世界を構成している重要な要因として分析対象にするのではなく、地政学的空間概念であるユーロ＝アメリカと「西洋」を議論の基本的枠組みとすることで、ポストコロニアルの言説は、ハンティントンやフォン・ラウエのような人びとが抱いた「西洋」と「西洋化」にこそ普遍的な価値がある、という確信を呼び起こしてしまう危険を冒している。アメリカ合衆国は、ソビエト連邦が世界覇権競争から退いたことで、冷戦期にみずからの支配下におこうとした非西洋世界を危険視し、われこそが、それにたいして西洋文明をまもる責務を負うと論じはじめた。この新しい歴史的体制の下で、近代化論は、かつて発展の一形態だと誤認した帝国主義と植民地主義をふたたび身にまといながら、世界戦略の中心に躍り出るのだ。こうして近代化のイデオロギーは、帝国の認識論と一体化してゆく。

近代化の論理とその進化論へのふかいコミットメントは、植民地的立場から脱植民地国へとスムーズに転換していくことの重要さを強調するだろう。近代化の分析家がそのような転換を体現する国民に目をむけるとき、旧宗主国の政治的・経済的貢献に重点をあてるだろうし、それを未来――ポストコロニアル的な現在――にとって大切な遺産として理解するだろう。さらに、この植民地支配経験の嘆かわしい有害な遺産を、明るい未来に開かれた近代化をうながす遺産として読み変える作業こそが、ポストコロニアル批判の〝行きすぎ〟を修正するための反撃の論拠になっている。植民地支配の誇るべき成果を求めるこの史学史の系譜は、ソ連の崩壊以前に活発であった社会科学的近代化論にはじまり、近年さかんに聞かれるようになった未来に残すべき植民地支配の遺産をまもろうという言説を予兆するものであった。

近代化という植民地主義

アイゼンシュタットのような社会科学者は、一九六〇年代のころから植民地主義の経験を近代化過程の一部として考えていた。この立場は、一九八〇年代半ばになってデヴィッド・アプターのような政治学者によってさらに深化された。一九六〇年代のアイゼンシュタットは、植民地社会の転換――彼が「いわゆる新国家における近代化の過程」とよんだ――を起こす第一の契機として、植民地主義を理解していた。植民地支配によってもたらされた近代化は、「外的な力」によってなされたために「もっとも極端な例である」とされた。このような変化が起こる場所は、都市あるいは新しい近代的な首都に限られており、それらはもちろん植民地統治の結果としてもたらされ、文化や社会的活動よりも行政的・技術的活動が集中している場所であった。さらにこれらの都市は、村社会や古い慣習が支配的で、日常生活が単調に繰り返される辺境の地から区別されるべき中心（近代化がおこなわれる）でもあった。アイゼンシュタットにとって、この都市と農村、中心と辺境の分裂は、近代的行政機構や新しい経済的・政治的な構造を設置したいという欲求と、近代的変化から取り残されつづける地方のあいだに存在する矛盾を意味していた。この矛盾は、アイゼンシュタットが「不均等な変化」とよんだ事態を指していた（近代化論者たちが、産業化された西洋では物質的発展でさえも完璧であったとつねに思いこんでいること自体が、驚くべき事実である。もっとも未熟な民俗学者の目にすら、高度に発達しているとされる都市のど真ん中に不均等、あるいは貧困にみちた地域が歴然と存在し、この光景がまさに資本主義のもっとも基本的・本質的な法則から生まれた事実を理解しているだろう）。近代化論者たちは、不均等な発展は植民地統治の必然的な結果であるとしながら、それは資本主義とは無関係であるという前提の上で議論を進めていた。つまり、資本主義そのものがもたらした不規則で不平等な歴史的事態には目をむけようとせず、不均等は植民地社会にすでに存在するものという前提から出発していたのである。そして、「近代化を推し進める土着の力」を育成することが成功へつながるという確信から、新しい政治的エリートと近代的事業家たちに重点をおいたのである。アイゼンシュタットにとって、政治的エリートはとくに重要な位置を占める。それは、現地のエリートたちは、国の政治に積極的に参加し、脱植民地化と独立を獲得する役割を担うからである。さらに重要なのは、彼らが宗主国の教育制度をとおして、「西洋化された諸価値」に精通し、「近代的な制度」で経験を積んできたという事実である。このような経験は、植民地内ではけっして得られるものではなかった。アイゼンシュタットは、現地の人たちが「自力で近代的な枠組みと目標にむかって」進むことには無理があり、これらの「西洋化された」知識人こそが――フランス人が *évolués* とよんだ「進化した者たち」――、脱植民地化のプロセスとその後の発展に欠かすことのできない存在なのだと信じていた（カール・マンハイムが「科学的な管理人」とよんだ、国家計画に重要な地位をしめることになる「コスモポリタン」の知識人のことである）。重要なことは、反植民地主義民族運動は、植民地支配が押しつけた束縛を逃れるための国民的連帯のシンボルを創造しようと努めた一方で、経済的・組織的脆弱さのために富や社会の不均等が生み出したさまざまな問題を解決することに失敗したことだ。この意味するところは、近代化をはじめる過程で植民地エリートのなすことは、発展する近代セクターと停滞する伝統セクター――シルズやウォーラーステインが歴史社会学で名づけた中心と周辺――の分断を解消することではなく、強化してしまうことだ。

アイゼンシュタットの説明は、経済的発展のなかに、植民地支配の過去と脱植民地化した現在・未来とをつなぐ継続性を見出そうとするものである。それから二〇年たって、デヴィッド・アプターのような政治学者たちは、この議論をさらに深化させ、「開発主義国家」を研究するための欠かせないアプローチへと仕立て上げた。一九八七年に出版されたアプターの*Rethinking Development*（「発展再考」）は、「新近代化論」の概念を提供するのだが、そのタイミングは、見方によって完璧とも最悪ともいえるだろう。近代化と発展を推し進めるプログラムは、一九八九年以降、旧来の戦略的意味と重要性を失っていった。近代化はグローバリゼーション、そして帝国主義、さらに新しいアメリカ帝国の実現のための力として衣替えをしたのである。アプターは、伝統的価値の文化的・社会的・実践的な応用をとおして達成される発展的成長を指して彼が「近代化1」とよぶものから、闘争・暴力と国家建設のために使われる外的強制力——資本主義的で帝国主義的な力——を区別する「近代化2」とよぶものへと議論を移していった。しかし、なぜアプターがこの新しい歴史的事態を「近代化2」とよんだのかは、まったくはっきりしない。アプターは資本主義・帝国主義がもつ独自の強制力を明確にすることで、ちょっとしたマルクス主義的分析を取り入れようとしたのかもしれない。しかし、1から2へという段階的認識は、古い近代化論との継続性を保持してしまう。さらに、闘争の可能性と存在は、「近代化1」でもすでに認められていたことで、シルズやアイゼンシュタットは近代化の過程で抗議や闘争が起きることを否定したことはない。アプターは、近代化にともなう暴力や抵抗の可能性を考慮にいれたにもかかわらず、開発主義を救いたいという衝動から自由ではなかった。

いずれにしても、アプターは、彼自身がかつて信奉した旧来の分析方法を再確認したにすぎず、近代化論を正当な理論として救うために古いレシピにわずかな調味料を加えただけである。アプターの立場をどう理解しようとも、彼は「植民地主義は近代化において商業と官僚機構の役割を果たした」とはっきり述べている。これは、ムッソリーニがローマ周辺の沼地を埋め立て、時間どおりに電車を走らせたエピソードや、ヒトラーがアウトバーンを築いた功績をたたえる逸話にも似た話ではないか。エメ・セゼール*1がずいぶん昔にわたしたちに教示したように、ヨーロッパ植民地主義はジェノサイド（人種的大量殺戮）以外の何ものでもないのだ。アプターによれば、「政治的近代化」は「西洋化」された政治的階級——世俗的で国民の政治生活に参加し、西洋化された統治機構をつくりあげる素養を身につけた者たち——の形成を意味した。植民地主義は、そのための過渡的歴史段階、つまり近代と伝統の弁証法をとおして民族自立への道を開く近代化にみられる普遍的なパターンなのである。「先頭をきって近代化に奉仕する者たち」は、この弁証法を起動させる植民地主義の推進者たちである。その過程は段階的にいえば、「開拓事業から官僚指導、そして代表性と責任を重んずる政府への漸次的な移行」ということになる。したがって、アプターによれば、「植民地主義は、大切な歴史的局面」のひとつである。それは、移行期のある特定のパターン

──近代化が普遍化され、近代の重要な役割が社会に根を生やすパターン──を指している（この「移行」というカテゴリーは、不均等を覆い隠すための説明に使われることが多く、分析のための概念としてはまったく中身のないものだ）。アプターのシナリオにしたがえば、植民地主義は、近代化の必要な歴史的条件である。それは、植民地が独立国になるために通らなければならない一段階であり、近代化が脱植民地化にともなって政治的・経済的に萌芽する条件をととのえるものである。

植民地化と近代化を結びつけたいという思いは、過去と現在がすべて肯定されるべき意味で直線的につながっているという神話を生み出し、その神話は植民地政府、官僚、「西洋化された起業家」が植民地の発展に貢献したという物語をつくり出す。そして、これらの未開発社会は、それらの貢献がなければ国民国家に成長することはできなかっただろうと。しかし、このような開発をめぐる議論が成立するためには、日本帝国あるいは大英帝国に限らず、植民地時代を、近代的現代へ徐々に進化していった過程として想定する必要がある。植民地

＊1　Aimé Césaire. 一九一三－二〇〇八。フランス、マルチニークの詩人、評論家、劇作家、そして政治家。代表作に『帰郷ノート』『植民地主義論』がある。反植民地運動の先頭に立ち、ネグリテュードの運動をリードした。

時代の伝統から脱植民地化、そして近代的現代へという一直線にひかれた進化の道は、こうして「歴史的事実」としてつくられていく。このような議論の立て方は、日本の植民地政策に、おなじような発展的パターンを見出そうとしていた東アジアの研究者によって長年にわたってなされてきた。植民地主義は、一九八〇－九〇年代の韓国や台湾の旧植民地における経済成長（かならずしも政治的な発展ではない）を可能にしたという議論である。これらの新興国のいわゆる経済的奇跡、つまり、未熟な経済が脱植民地後にジャンプスタートし、急激な発展をみせたのは、日本人がおこなった投資と日本帝国が築いた産業インフラのおかげであるとされた。しかし、近年になってこの種の主張は、大英帝国の過去を旧植民地に残したプラスの遺産として、また新アメリカ帝国が模倣すべきモデルとして語り継ごうとする歴史学のなかで展開されつつある。この最悪の歴史学は、帝国的過去を振り返りながら幻像をつくりあげ、それを来るべき未来へと文字通り投企しているのだ。帝国を新しい熱意をもって語るこの立場が、日本（かつての敵国）やフランス（第三世界における革命戦略を提供した国）をモデルにすることは不都合であることを、認識しておくのは重要であろう。

帝国の日々を夢見る

本書はここまで、帝国の肖像が、近代化への欲望とふかくつながっていることをしめしてきた。帝国は、どれほど影のような存在であろうと、つねに近代化の背後にこっそりと身を潜め生きてきたのである――まるで、近代化を夢想し、その政策を執行する者たちの善意に覆い隠された政治的無意識のように。この近代化への衝動がけっして、帝国の政策提示やそれをめぐる議論とそれほどちがわない事実は、アメリカが9・11以後宣言したテロリズムとの戦いの内容をみればすぐにわかる。幻影のような大英帝国を、アメリカが引き継ぐべき真の歴史的遺産、見習うべき規範的歴史経験としてよみがえらせようという動きが加速するなかで、帝国と近代化の結託はふたたび息を吹き返し、力をもちはじめている。その理由は、非同盟国を味方につけるために近代化と開発を売りこもうとした冷戦とその戦略が、じつはいまだにその生命をたもちつづけていることに由来する。これまで検討してきたとおり、開発の目的は、アメリカの特権的な経済的地位を世界的規模で維持し、保障する体制を築き上げるために、非同盟の新興国の政治的安定をはかることにあった。言い換えれば、近代化は、今日「政体転換」という新しい名でよばれるようになっただけで、冷戦時代の戦略と無関係ではない。ソ連の崩壊（それはロナルド・レーガンの勝利として神話化されているが）は、かならずしも新しい政策立案をともなうものではなかった。それどころか、古い戦略を新しい世界状況に再適用したにすぎない。その筋書きでは、共産主義はテロリズムに置き換えられ、「善」対「悪」の二極構造はそのまま維持された。この筋書きが顕在化したのは、冷戦時代の後期、つまりアメリカが代理戦争をとおしてソビエト陣営との戦いを加速させたレーガン時代である。代理戦争は、アメリカがアフガニスタンのテログループや、アフリカやラテンアメリカにおける反動的極右勢力に依存することを強要した。恐怖を煽るのに長けたこれらのグループ／政体は、アフガニスタンの例でもわかるとおり、自由の戦士として理想化され、民主主義勢力であるかのように報道されていった。しかし、代理勢力を利用することは、一昔まえの近代化理論とそのプログラムに内在した帝国的野心が目指したものとなんら変わらなかった。近代化理論とそのプログラムが、帝国主義と植民地主義を、進歩にむかう「客観的」段階あるいは「移行」として弁護していたことを思い出そう。イラク戦争とその後の占領政策によって、アメリカは、代理戦争から全面的な領土獲得（一時的にではあれ）の戦いへと立場を変えたのだ。それは、アメリカが冷戦中、ソ連の世界征服のイデオロギー的使命とそれを達成するための軍事能力を大げさに騒ぎ立てることで、みずからの帝国的野心と近代化政策の意図を組織化したのと対照的である。つまり、この度の湾岸戦争〔二〇〇三年にブッシュ・ジュニアがイギリス、スペイン、オーストラリア、ポーランドとともにはじめた第二次湾岸戦争〕で、自己の帝国的野心を大胆に認めたことになる。アメリカのイラク介入は、帝国を学問的世界ばかりでなく、大衆的・ジャーナリスティックな世界に登場させる契機となり、露骨な自己利益を追い求めるイメージではなく、適切な道徳的目的に導かれた帝国というイメージを確立するのに成功した。一昔まえの大英帝国が引き合いに出されて古びた歴史の戸棚から寝惚け眼で顔を出し、アメリカ帝国をみずからの後継者と名指ししたのはまさにこの文脈においてであった。アメリカ帝国が世界にとって今すぐに必要であるという確信は、悪の枢軸にたいして西側（白人）の文明をまもる義務を大英帝国から受け継いだのだという自負心に由来する。これこそが、真の意味でアメリカが継承した歴史の教訓であると。しかし、近年の大英帝国の称賛は、今となってはその面影もないかつての世界的覇権、圧倒的支配力への否定しがたい郷愁によって駆り立てられていた。それは、帝国はいつも近代化の使徒であったし、そうありつづけるという確信にも映し出されている郷愁である。

歴史の記憶の箱に無事収まっていた大英帝国は、帝国的遺産を美化するマスコミや出版産業にとってかけがえのない商品に生まれ変わり、アメリカにとって真似すべき無害で良好な見本となっている。実際、巷にあふれている言説は、アメリカを大英帝国の後継者に仕立て上げ、とくに近代化の使命を引き継ぐ国としてあつかう始末だ。帝国的覇権は、アメリカに多大な利益をもたらすと必死に主張している人びとは、イギリスの経験、あるいはそれとのつながりがふたつの意味において重要であるとする。まず第一に、アメリカは半世紀まえに起きた大英帝国の崩壊後、国際政治における権力の空白をみごとに埋める役割を果たし、その「責任」を積極的に引き受けたと見なされていること。第二に、イギリスからアメリカへの継続性は、前者が非革命的な政治的伝統をもち、また旧植民地に近代の「贈り物」をあたえたこと、そして後者が日本占領以来民主主義（資本主義）の福音を世界に広めようと献身してきたことのあいだに存在するとされていること。この新アメリカ帝国を宣伝する作家たちは、世界を「民主化」し、それにともなう市場化を促進させるという「慈悲ぶかい」野心によって進める開発戦略を〝否定〟もし称賛もしている。この意味で、帝国はアメリカという国――その価値と精神――それ自体から切り離せるものではない。つまり、そのもっとも偽善的な道徳主義（モンロー主義[*1]をみよ！）――を介しておこなわれた拡張主義の歴史的伝統は、この新しい帝国のイメージの核心をなしている。

しかし数年まえまでは、帝国主義は歴史解釈や論文の対象にとどまり、またその略奪的行為、無法な暴力、無意味な非人間化が批判されてきたのに、なぜ現代の問題としてこれほどまでに論じられるようになったのかを問わねばならない。どうしてわれわれは、まるで長いあいだ忘れていた昔の友人でもあるかのように、これほどまでに帝国主義の再考に惹きつけられるのだろうか。アルンダティ・ロイが[*2]『ネーション』誌で、なぜ多くの人が今になって「帝国主義のもたらす恩恵や、無秩序な世界を統治するために強い帝国が必要だなどとためらいもなく語りはじめている」のだろうかと書いている。彼女はこうも忠告する。「帝国主義を論じることは、強姦の良し悪しを論じるのと少し似ている」と。そして、大事な忘れ物でもしたかのように、わたしたちが長いあいだ見失い、今になって取り戻したい気持ちを帝国に抱くのはどうしてなのだろうかと。しかし、以下で観察するとおり、〝まじめな〟歴史学すらも帝国主義の恩恵を語るために、ポストコロニアルの攻撃から帝国を救い出そうとし

＊1　モンロー主義は一八二三年に宣言され、ヨーロッパにたいするアメリカの独立主権を確立し、相互に不干渉を確約する一方、先住民インディアンの掃討や米西戦争をとおしてアメリカ国内外の勢力拡大・支配体制をととのえていった。

＊2　Arundhati Roy. 一九六一－。インドの作家。代表作『小さきものたちの神』。

てきたのだ。新しいアメリカ帝国をイメージし正当化するために、大英帝国を理想的なモデルとして神聖化する雰囲気のなか、うわべだけ歴史学という服を身にまとった研究が、帝国主義と大英帝国についての積極的な再評価をおこなってきた。英国の過去を美化するのに長けたBBC(英国放送協会)は、さまざまな「歴史もの」の番組をつくることで、第一次世界大戦の思い出の道を国民とともに歩むのに成功してきたが、その後、帝国の壮麗と栄光をたんねんに物語る仕事へと方向転換してきている。この新たな感傷的な記憶の旅は、歴史を思い起こすことのできない世代にむけて、帝国の魅力を売りこむことを目的としている。その意味では、近年の歴史書もまた、失われた栄光をよみがえらせ帝国をよりよいイメージで描こうとしている点で、BBCとまったく変わらない。彼らの目的とするところは異なるが、帝国の成果を称揚する点ではおなじである。リンダ・コリー[*1]は、近著 *Captives*(「捕虜」)で、本来のイギリスの小ささ(人口、領土など)と肥大化した大英帝国の大きさの関係に注目し、帝国は捕獲者であると同時に捕虜でもあったと論じている。彼女は、大英帝国が被植民地化された人びとにもたらしたあらゆる残酷さを認める一方で、植民地主義の有害な側面はまだ十分に知られておらず、「小さい人びと」(イギリス人を指す)の生活がどのように影響され変化を強いられたのかを理解する必要があると主張している。彼女が何ページにもわたる洞察によって主張したいことは、帝国的侵略者たちはみずからの征服の犠牲者であり、それはこれまで真剣に研究されてこなかったテーマであるということだ。コリーの研究のテーマは帝国の相互依存性を証明すること、つまり、イギリス人は彼らの帝国を運営し維持するために、じつは植民地出生のエリートと支配される民衆に依存していたのだと証明することで、イギリス人がなにを犠牲にしたのかを語ろうとする。イギリス人の生活は、帝国のプロジェクトにふかく関わることで、取り返しのつかないかたちで変化を強いられ破壊されてしまったのだと。しかし、「より完全な話」を伝えようとする「善意」がすり替えてしまったのは、他国への帝国的介入それ自体の批判的検証である。この史実は、イギリス人もまたみずからの帝国の捕虜であった、植民地の民衆に依存しそれによって彼ら自身も従属することになった、といくら白状しても、けっして軽減されるものではない。より「完全な話」とは、イギリスの帝国的野心の武力的介入を認めることですでに完結しているはずである。この介入は、植民地事業がたんに数人の紳士的資本家の仕事ではなく、「小さい人びと」の支持と合意をも得ながらなし遂げられた、といったところで、その深刻さをより受け入れやす

＊1　Linda Colley. ケンブリッジ大学出身。現在はプリンストン大学で大英帝国史を教える。

くなるわけではない。これは一般人をすすんで協力した帝国のエージェントとして、また自己犠牲的な被害者として逆説的に描いているにすぎない（「小さいこと」が、歴史的審判から逃れられる理由にならないことは明らかだ！）。いずれにしても、このような見解がこれまで語られなかった帝国の真の教訓であり、植民地以後の未来にとっての「遺産」である。しかし、二一世紀の帝国の衣装を身にまとったアメリカが、真剣に学ばなければならない教訓は、一八四二年（第一次アフガン戦争）にイギリスがアフガニスタンで、また一九七九年から八一年までアメリカ自身がイランでトラウマを経験したような事態を避けること――被征服者の虜にならないこと――をしっかりと認識すること、そして、バランスを失うことなく帝国の運営に励むことだ、とコリーはいっている。イギリスの巨大帝国は、母国が小さいことと海洋国家であることから生まれたのだが、広大な大陸国であるアメリカは、領土を占領・獲得する必要はまったくない、という教訓もそこには含まれている。イギリスの経験があたえる教訓は、領土の大きさ、「野心と権力の度合い」のバランスをたもつことであり、このバランスを失うことが、「小さい人びと」を巻きこんだのだとコリーが主張したいならば、彼女のなすべきことは、どのような歴史的条件が「小さい人びと」を帝国の熱烈な支持者へと変身させたのかを解明することではなかっただろうか。

デヴィッド・カナディン[*1]の *Ornamentalism: How The British Saw Their Empire*（「装飾主義――イギリス人は大英帝国をどう見ていたか」）では、ポストコロニアル理論と歴史研究の批判的見地にたいする対抗心がより鮮明にあらわれている。カナディンは、植民地と帝国主義にかんする議論のあり方をもう一度元に戻し、サバルタンたちが沈黙を破り、声を上げたときに生じたいわゆる「不均等」を是正しようとする。彼の著書はイギリス人がみずからの帝国をどのように捉えていたのかを描き出すことにあるが、それに準じる目的は、このような帝国の自己理解が、じつは人種主義と「他者化」〔他文化をまったく異質なものとして捉え、みずからのエキゾティックな欲求をみたすための対象としてあつかう〕によって成り立っていたというサイード的な確信に異議申し立てをすることにある。したがって、「帝国はイギリス人が一方的につくりあげたものではなかった――つまり、それは多様な人間が混ざり合う雑多な経験から成り立っていたのであり、イギリス人はそのような多様な世界に遭遇し、それを自分たちのものにし、その結果損害をもたらし、最後はいやいやながら手放したのである」（これはおそらくコリーのいった帝国の相互依存性を言い換えたにすぎないだろう）。インドの新しい戦後帝国史学は、イ

＊1　David Cannadine. プリンストン大学でイギリス史を教える。

ギリスの介入を災難と見なしてきた。この不都合な見方を打ち消すために、カナディンは、宗主国と植民地をつなぐ「相互に関連した巨大な世界」を語りの中心に据える方法を打ち出す。言い換えれば、彼は「インド、イギリス両国内に存在する社会階層のイメージ」をもとに帝国の階層（植民者と被植民者）を社会史として描こうとしているのである。帝国は宗主国と植民地が共有していた社会階層の現状維持、つまりカナディンが「同一性と類似性の複写」とよぶものの上に築かれた体制をいうのだ。したがって、カナディンによれば、帝国はサイードや彼の賛同者がいうような「植民地の他者化」にふかく関わっていたのではなく、「類似性の構築」によって成り立っていたと主張する。植民者と被植民者が生きた社会階層制の残余は、脱植民地化された各国家にその輪郭をとどめている。南アジアやマレーシアでは、昔ながらの支配階層がいまだに植民地時代からの権利として富も地位も保持している。

カナディンは、変わることのない社会階層の遺物――女王が旧英連邦の自治領（そのほとんどが白人の移住地だが）の国家元首でありつづけたり、旧植民地においてさえ君主と旧貴族のあいだにある階層的態度が依然として存在する――の存続を、あらゆるところに見出している。そして注意ぶかくつぎのような結論を出している。大英帝国がすでに過去のものとなってしまっても、「人びとの心から完全に消えてなくならないし、社会階層の感情やその構造はいまだに生き残っている」と。彼の理屈はつぎの前提の上に成り立っている。帝国の社会秩序はそれを支えてきた機構の崩壊とともに拒否されたが、社会秩序という考え方そのもの――これは「広大で相互に関係する世界」、つまり帝国を指す――への郷愁はいまだに消え去らない、ということ。これは明らかに、帝国の理想は人びとの心に生きつづけている、と彼が確信していることの証だろう。カナディンの解釈が、イギリス社会とインド社会は身分制という制度をとおしてある類似性を共有しているという信念に依拠していることを強調しておこう。この説明では、人種は身分に置き換えられ、現地のエリートの協力を得ようとする帝国的戦術は、身分的に対等なエリートをみつけ出す作業というよりも支配と横領の結果であったことが見過ごされている。それは、侵略する英国軍の数が圧倒的に少なく劣勢であったということ、それゆえにさまざまな理由から、無数の大衆に背をむけて宗主国に協力することをよしとする現地のエリートに寝返った戦術であった。さらに、その戦略は、けっしてイギリス人の人種的優越感を減少させるものではなかった。おそらくカナディンは、彼の著作のまえに出されたコリーの作品から多くのヒントを得たのかもしれない。いずれにしろ、彼の本にみられる帝国の圧倒的な存在と、身分制を重要視するやり方は、家のなかに漂う臭気のようなものだ。カナディンは、旧英連邦の自治領はアメリカのモデル――民主的で半階層的――に倣ったが、旧植民地国は「独立と社会革命のより温和なインド型」を好んだ、と結論づけている。彼が言わんとすることは、社会秩序の維持に役立つ植民地の遺産は、いまだにかつての植民地世界にしっかりと根を張っているのであり、それが保障する過去と現在の継続性は、植民地時代の大きな成果であるということだろう。

帝国を積極的に評価しようとするカナディンとコリーの取り組みが比較的温和なものであったとしたら、歴史家ニーアル・ファーガソンはこの帝国のための聖戦をイデオロギー闘争のための雄叫びへと書き換えた。彼は、一九－二〇世紀における大英帝国の前例にしたがうかぎり、アメリカはみずからの帝国的利益を追求しつづけるべきだという議論を精力的に展開している。ファーガソンは巧妙な手法によって、昔の近代化の語りは帝国の使命をめぐるそれとなり、その使命を現代において受け継いでいるアメリカ帝国は、近代化の推進者としてみずからの責務を全うしなければならないと煽り立てる。しかし、ファーガソンの歴史学の表面下に見え隠れする暴力的傾向をすこしでも真剣に受けとめれば、彼の学問は信じがたいものであり、いったいどのような社会環境のなかでこのような視点が形成されるのかと疑う者がいてもおかしくない。この危険な視点が投げかける重要な問題は、ある野心的人間の個人的・キャリア上の打算という動機ではなく、なぜ『ニューヨーク・タイムズ』のような主要なメディアやアメリカのエリート私立大学がこのようないかがわしい思想を容認し、またそれを吹聴する者が褒賞をあたえられるのか――いや、それをあたえることで何を成し遂げようとしているのかという問題である。

イギリスのチャンネル4が企画したファーガソンのシリーズとそれをもとに出版された*Empire: How Britain Made the Modern World*（「帝国――イギリスはどのように近代世界を創造したか」）という著書の主要な点は、帝国が簡単に築かれたこと、そしてそれがいかに価値ある遺産であるかをしめすことにある。メディアや『ニューヨーク・タイムズ』で定期的に発表する論説で、彼はこの点を何度となく繰り返し、そのことは『ニューヨーク・タイムズ』の急速な右傾化と、すでに十分に妥協してきた報道レベルのさらなる低下を確認するものである。カナディンよりも大胆で挑発的な傾向にあり、見るからに熱しやすいファーガソンの語り口（その裏には、オクスフォード弁論クラブの青臭く気取った社交の場が、ちらちらと見え隠れする！）は、「世界じゅうにイギリスの支配が存在していなければ、自由資本主義の構造がこれほど多くの地域に根づくことはなかっただろう」と断言しつづける。この開きなおった発言態度の裏に、青二才的な反射神経、つまり、姑息に自分に都合のいい〝史実〟をみつけ出そうとする態度、そして反事実性の論理（「もし～がなかったら」）を振りかざす態度に気づくことは重要だ。この反事実の論理こそが、大英帝国はよきものであったという彼の主張と、それは今日のアメリカにとってよい刺激になるという命題を支える修辞的基礎になっている。反事実的思考は、一昔まえの実証主義的科学哲学者が使っていたのとはべつに、議論を自分に有利な方向へ転化するための弁術として使われていたことを想起しよう。実際、その詭弁の話術が彼の弁論を駆り立てるのだ。わたしたちはこの予期しなかった妄想への堕落（帝国を美しく語りなおす）のなかにP・G・ウッドハウス*1がすばらしく明確に指摘したイギリスの支配階級の嗜好——心霊主義、神智学、ほぼ幻覚に近い気まぐれな神秘主義の多様なかたち——の再来を見てとるべきだろう。

したがって、ファーガソンの結論はこうである（彼の著書では明言は避けているが）。大英帝国の経験がなければ、憲法に則った代表制である政治的民主主義の広がりと成立は想像しがたい。そして、アメリカが現在これを世界じゅうに広げる使命を負っている、と。「インド、つまり世界でいちばん大きな民主国家は、世間が認めているよりも大英帝国の支配にその成功の多くを負っている」とファーガソンは熱心に説く。カナディンを凌駕し、しかし彼のような成熟した慎重さに束縛されることのないファーガソンは、インドの学校、大学、出版、議会制はすべてイギリスのモデルから生まれたと主張してはばからない。それはあたかも、イギリスとインドの類似性のなかにみずからの積極的な貢献の痕跡をなんとかみつけ出したいという昔の帝国的衝動が、かつての栄光を現在に呼び戻すために亡霊として再来し、わたしたちのなかを歩きまわっているかのようではないか。彼は自慢げにいう。英語はイギリス人によって教えられ、今日では五億の人びとが第二言語として使っている。しかし、大英帝国の記録にはまったく汚点がないわけではない。つまり、「個人の自由」という目的を完全にみたすことには失敗したのだと。理想は汚れ実現はされなかったけれど、イギリスは「自由貿易」「自由金融市場」「個人投資」、そして「奴隷制廃止後の自由労働」を世界に紹介した、と。そして、彼はふたたび反事実性に訴えかける。「もし大英帝国がなければ、これほどの自由貿易の世界的な広がりを一八四〇年から一九三〇年のあいだに見ることはなかっただろう」。もしイギリスが植民地をもっと早く手放していたら、世界経済にとって利益にならない危険な保護主義を生み出す結果になっていただろう。イギリスの帝国主義は比較的遅く発展したので、人口の密集している地域で略奪をおこなうよりも北アメリカの未開発の地域を植民地化するしかなかったのだ（インドの人口は少ないだろうか）。こうしてファーガ

＊1　P. G. Wodehouse. 一八八一－一九七五。イギリスの作家、詩人。ユーモア小説の大家。

ソンは、帝国をまるであたえられた使命であるかのように世界を発展へ導く主体と見なす。そして近代的発展は、植民地を支配して法律、行政、政府を植民地領土に打ち立てることによって拡大される、と彼はみている。しかし、ファーガソンがシーモア・M・リプセット[*1]の発言——旧イギリス植民地は、ほかのどの植民地よりも「持続的な民主主義を実現する可能性をもっていた」——を引用したときに、彼のイデオロギー的確信はもっとも露骨に表現されている。

これまで論じてきた帝国にかんする議論は、帝国の統治形態は国際統治というモデルをなし、それゆえグローバリゼーションを牽引する力として作用するという結論に行きつく。この見解によれば、帝国は、世界の（経済的）成長を混乱させ妨げることになる弱小国の政治的分裂にたいする防止策を提供することになる。この立場は、まさに驚くほどにカウツキーの「超帝国主義」〔資本主義体制の維持と発展——利益の確保と増幅——のために帝国主義諸国家は紛争・競争を避け、国際的協調の新しい体制を目指す〕と、ハートとネグリのマルティテュードを複合させたもののようにみえる。英語圏の経済的・政治的自由主義は、多くの人に選択の自由をあたえる文化であるが、それは「イスラム原理主義の深刻な脅威」にさらされている。ファーガソンは修辞的に問う。「しっかりした帝国の警備がなければ、西洋「文明」——近代アメリカを代表するとされるプロテスタントと、理神者＝カトリック＝ユダヤ系との混合文化——の普及をどこまでマクドナルドさんやディズニーさんだけに任せていられるだろうか」。

現在の帝国アメリカを形づくるこの混合文化は、基本的に白人を指していることはいうまでもない。ファーガソンは最近の『ニューヨーク・タイムズ』の論説で、イラクでのイギリスの歴史的経験は、完全な敗北でおわったアメリカのベトナム戦争にくらべてはるかに有益な教訓になるという論を展開している（いったい何をもって有益というのだろうか）。

ファーガソンがロバート・クーパーの掛け声——「世界を再構築」し「防衛的帝国主義を構想しよう」——をアメリカ帝国主義のモットーとして喚起するのを聞きながら、われわれは、この本の冒頭へと連れ戻される。「混沌に対処するのにもっとも論理的であり、過去にもっとも頻繁に使われた方法は、植民地化である」。防衛的であろうが先制的であろうが、それが植民地化の新しい形態と軍事力の独占を追い求める帝国主義であることに変わりはない。しかし、クーパーの秩序の保持と組織化を目的とする新しい帝国主義の構想とは、アメ

＊1　Seymour M. Lipset. 一九二二－二〇〇六。アメリカの政治社会学者。経済発展をめぐる、いわゆる「リプセット命題」で知られる。

リカの利益が支配する世界のなかで起こっている「グローバリゼーション」の危急に対処すべく衣替えされた近代化のパラダイム、とくにその消耗しつくされた幻影にすぎない。さらに奇妙で不幸なことに、クーパーの助言は、モンロー主義のアメリカを私たちアメリカ人に想起させる。それは、遠い過去への回帰を暗示しているかのようだ。ファーガソンは、〝オクスフォード流〟の帝国的無意識から身を引くことで、クーパーや彼の仲間たちがもつアメリカに帝国的使命を継承させたいという熱い思いを共有している。

結論　歴史の教訓

アメリカだけが旧大英帝国を継承・複製し、また非西洋の低開発国にみずからの価値（実際はイギリスの価値だが）を強要できる立場にあるとするファーガソンの確信は、彼の驚くべき失念、あるいは無知から来ているといえよう。この一方的な使命観は、すでに第二次世界大戦後から、近代化論とそのプログラムが取り組んできた戦略のなかで謳われたお題目である。失われた帝国への郷愁に駆られる彼は、その過去を、アメリカが学ぶべき教訓として語りなおすことで救い出そうとしている。この語りは、大英帝国とアメリカ帝国の類似性という前提の上に成り立っている。すべての歴史的類似がそうであるように（類似性の論理は反事実的〝理由付け〟の無意味な推論が抱える問題と変わりない）、ファーガソンのそれは歴史に存在するもろもろの時間が生み出してきた混沌を無視する。それは、有能なオクスフォードの弁士ですらうまく説明できないような歴史の複雑な諸相である。近年おこなわれてきた帝国をめぐる議論は、うそっぽい類似性に頼りすぎ、歴史的理解への配慮が欠如していた。しかし、歴史的類似性の議論は、政策決定者にとって都合がいい教訓として機能している。というのも、彼らは政策決定の基礎にある歴史的理由の理解を避けながら、みずからの政策を正当化するために歴史的権威を借りることができるからである。

しかしアメリカ帝国は、他の場所や時間から導かれた類似性へのロマンティックな愛着を必要とはしていない。なおさら、みずからの帝国の記憶だけでは生きていけないような、郷愁いっぱいの同情者たちがでっちあげた大英帝国の後継者という地位をありがたく受け取る必要もない。そして他者の歴史を、完璧な訓令や手引きをあたえてくれる教科書であるかのように理解し、その疑わしい教訓を繰り返す必要もない。アメリカがみずからの帝国を運営するためには、近代化のパラダイムを実践することで培ってきたみずからの経験の蓄積と、開発を世界のあらゆる国に広げるとする使命感を頼りにすればいいはずだ。今日、この使命は「グローバリゼーション」とよばれているが、この言葉は、分析的カテゴリーとして急速に信用を失ってきているようにみえる。ハートとネグリはグローバリゼーションの代わりにそれを帝国と名づけた。しかし彼らのいう帝国の中身は、アプターにならえば、第三の近代化という別の名でよばれる近代化の形式を表現しているにすぎない。近代化をどのように命名するかは、重要ではない。近代化とそれが駆り立ててきた発展主義に、どのような意味があたえられてきたかが問題だろう。アメリカは、自由、民主主義、進歩への願望を利用しながら〝崇高なる〟帝国的野心を全地球へ広めるために慈悲ぶかく革新的な態度を保持しつづけてきた。そして、今日支配的となった新自由主義は、民主化という古い修辞を使いながらも、露骨な帝国主義的言葉でためらうことなくその野心を公言している。

わたしがアプターにならって第三の近代化とよんだものの進展は、冷戦戦略のもっとも新しい化身を表象するものである。それは、まだ中立をたもつ（その多くは西側世界に知られていない）社会を、アメリカのチェーンストアや地域の小売店へとつくり変える、という戦略である。いっこうに打破される様子のない、捉えどころのないテロリズムにたいする戦いが新しい局面を迎えるなか、アメリカは近代化の進展――それはつねに民主主義と自由への訴えとしてふるまっているが――をうながすために、帝国主義戦争と軍事占領に乗り出す位置にあるといえよう。その唯一の目標は、いまだにアメリカの覇権に同化しないか、それを強く拒みつづける地域で、新自由主義にもとづく資本主義を導入しながら政治の安定化を実現することにある。ソ連が競争相手または新しい十字軍として存在しなくなった今〔二〇〇四年現在〕、アメリカがあたかも銅貨の両面をなすかのように帝国的計画を近代化に結びつけて語ることは簡単だ。少しまえに明らかにされたイラク捕虜への計画的で意図的な拷問は、過去の帝国のふるまいを思い起こさせる。あのアルジェリア独立戦争におけるフランス人のふるまい、つまりアルジェリア人捕虜にむけられた野蛮さと残忍さを思い起こすだけで十分だろう。近代化の福音を植民地に届けることが植民地政府のもともとの意図であった、という詭弁をどれほど繰り返しても、暴力の記録を抹消することはできない。帝国とは暴力への権利、そして資本主義と合理性によって生み出された〝暴力の抽象化〟を意味する。近代化の有効性や有益な政治的遺産について多くのデータを集め、またすばらしい社会史を書き上げたとしても、暴力の明白な事実を変えることはできない。この教訓こそ、今歴史が失念してしまったことである。

新しい帝国の衣装を身にまとった第三の近代化は、(アメリカに住む)わたしたちが日常レベルで生きはじめたもうひとつの現実と結びついている。植民化された人びとに加えられた暴力は、アメリカ国内の安全を強化するために国内の異論を抑えつけ、個人の自由を制限することをめざした国家政策に反映されている。冷戦時代初期の国内に広がった反共産主義の恐怖政治と、政府レベルで近年おこなわれている一般市民に対する監視と統制とのあいだに、奇妙な相似性をみることができよう。計画的で定期的に出されるテロ警報をとおして、国家は恐怖・不安を日常生活の中心に据えようとしている。現在の帝国アメリカを形づくるこの混合文化は、基本的には白人を指していることはいうまでもない。この第三の近代化の悪夢的なシナリオでは、帝国主義とファシズムのつながりがふたたび呼び覚まされる歴史的光景に出くわす。したがって、サミール・アミン[*1]の言葉を借りれば、「ファシズムへの後退は、新自由主義的グローバリゼーションの論理ときっぱり手を切らないかぎり」避けられないという確信にいたるだろう。近代化論とその熱心な唱道者たちは、意図されなかった植民地主義の帰結と、脱植民地後の新興国の発展にあたえた影響につねに注意をはらうことで、自尊心を駆り立ててきた。しかし、アメリカはよりよい世界を創造するために、他の社会や政体をつくり変える帝国的プロジェクトを追い求めるべきだというまちがった認識が、近代化の過程にともなう暴力を軽視する傾向を助長しているとわたしは考える。この転倒した認識は、発展＝資本主義という方程式をわたしたちの思考に植えつける。しかしわたしたちは、

＊1　Samir Amin. 一九三一–。エジプトの経済学者。マルクス経済学の立場から開発途上国の「従属理論」を提唱してきた。彼の世界資本主義システム論（中心＝周縁論）は、イマニュエル・ウォーラーステインの世界システム論に影響をあたえた。主著に『不均等発展――周辺資本主義の社会構成体に関する試論』がある。

資本主義は〝発展の制度〟ではなく、社会・生活の抽象化をうながし、資本の無限の拡張を止むことなく追いつづける反復運動であることを歴史的現実から知っている。近代化の意味する〝発展〟とは、すでに決められた指標に即して、社会変化の結果を評価するイデオロギー的概念にすぎない。近代化と発展の混同は、資本主義的拡張の現実と、より望ましい結果として考えられるべきもの（発展）のあいだに存在する。前者（近代化）において後者つまり発展は、達成されるべき目標として事前に予期されている。この方程式において、資本の拡張を可能にする制度、とくに国家は、望ましい結果を発展の事例と見なすのだが、資本拡張の論理あるいは運動は、資本それ自体の限界を知っているために、けっして発展の成果を約束できるものではない。つまり、資本の拡張は、資本それ自体の論理と運動ではどうすることもできない土地と労働を暴力的に獲得しなければならない上〔帝国主義、植民地主義、市場経済の導入をとおして施行される土地・労働の商品化・私有財産化〕、つねに不均等と不平等交換の形態を生み出すからである。資本主義は完全雇用や所得分配の平等などには関心もなければ、それをつくり出す能力もない。その拡張はつねに国家や企業が利益を追求することによってのみ達成される。これはアメリカの自由主義的社会科学者たちが思い描いた近代化理論・政策であろうと、ブルジョア的西洋に追いつくためにスターリンがおこなったキャンペーン「資本主義なき資本主義」であろうとおなじことである。

一昔まえの近代化論がつねに自覚的に避けようとしていたのは、資本主義社会のイメージに沿って世界をつくり変えたいという欲求を駆り立てている、見知らぬもの（敵）への恐怖であった。しかし、その敵を封じこめるために世界をつくり変えようとする努力は、それまで世界にひろく存在していた、資本主義の外に存在する具体的で異質な世界を抽象化する結果となった。だから今わたしたちの目のまえにアメリカ対〝異質な〟社会――アメリカが自己のイメージに同化できないでいる世界――という新しいイデオロギー、二極構造（冷戦構造の焼きなおしにすぎない）があらわれたのだ。ディック・チェイニーが世界にみちているテロの恐怖を語るとき（彼はブッシュとともに、イラクでの戦争を正当化しようとおなじような恐怖を何度となく煽り立てた）、テロリズムの恐怖と恐怖のテロリズムがまったく重なりあって存在していることが露呈される。グレアム・グリーンが『静かなアメリカ人』（一九五八年）で国民的寓話として語った真実は、いまだにアメリカ社会の本質をみごとに言い当てている――「自分がもたらしたすべての争いごとにこれほどはっきりした動機をもっている男をわたしは知らない」。

帝国と「帝国」のゆくえ　訳者あとがきに代えて

本書について

ハリー・ハルトゥーニアンの著作は、『近代による超克』（岩波書店）『歴史の不穏』（こぶしフォーラム）『歴史と記憶の抗争』（みすず書房）や、その他多くの論文などを通して日本の読者にはお馴染みだろう。一九八〇年代から九〇年代にかけて、シカゴ大学歴史学部を拠点にテツオ・ナジタとともに、日本思想史・文化史の独創的で批判的な読み替え作業を積極的におこない、アメリカの日本研究に新風を巻き起こしたことで「シカゴ学派」と呼ばれるようになったことも、よく知られた事実である。ハルトゥーニアンとナジタ、また彼らの教え子たちが生み出した学問は多様なものであり、けっして統一的なイデオロギーや解釈的立場に還元できるものではないが、もし彼らに何かしらの「傾向」（orientation）があるとすれば、つぎの点に要約できるかもしれない。ポスト構造主義、カルチュラル・スタディーズ、文化マルクス主義などの現代思想の流れのなかで、思想や文化を批判的に読み解く作業をおこなったこと。とくに、「日本」を歴史解釈のための自明の枠組み、あるいは前提とせずに、思想や文化――「日本」という概念も含めて――をそれぞれの時代に特有な政治、権力、イデオロギー構造と関連づけて理解しようとしたことが重要であろう。

このように「日本」思想と文化を歴史化する作業は、ふたつの意味で大きな知的介入を意味していた。第一に、アメリカにおける日本研究を第二次大戦直後から一九八〇年代初頭まで支配していた近代化論への異議申し立てとして。第二に、バブル期の日本で流行した「日本人論」や「日本文化論」と対峙するものとして。この日米の学問・言説空間を代表したふたつの立場は、それぞれまったく異なる社会・政治・文化状況のなかから生まれてきたようにみえたが、じつは密接に関連しあう構造の上に築かれていた。前者が「なぜ日本だけが非西洋国としてみごとに資本主義文明を確立し、西洋の先進諸国と肩をならべる優等生になりえたのか」という問いを発していたとしたら、後者は、「なぜ日本人は非西洋的で独自な文化をもちながら、これほど豊かな近代的国民になりえたのか」という、前者にきわめて類似した関心を抱いていた。つまり、どちらの立場も、日本（人）の民族的特殊性というイデオロギーを前提とした上で、それが日本の近代化に果たした役割を解き明そうとする欲望に支えられていたのである。ハルトゥーニアンが本書でみごとに論証しているように、冷戦下、資本主義体制をベースに世界覇権を築こうとしていたアメリカは、日本を第三世界にアピールできるような非西洋世界の優等生として表象することを重要な戦略と考えていた。その一方で、日本のナショナリストたちは、敗戦によって根底から崩れ去ってしまった民族的自負心と愛国心を取り戻すために、惨めな戦争の記憶を封印し、肯定的な日本史像の構築を目指していた。日本を近代化のすばらしい成功例として表象しなおす作業は、アメリカの帝国主義者の覇権確立と、日本のナショナリストの自慰的な治癒には欠かせない「特効薬」となっていったのである。こうして、アメリカの近代化論者と日本の文化主義者はそれぞれの欲望を抱きながら、相補う同盟関係を築いていった（この同盟は、アメリカ政府が一九五〇年代からロックフェラー財団やフォード財団と協力しながら、日本の若手の政治家や研究者をハーバードのようなエリート大学に留学させる制度をつくっていったことに象徴される。再軍備、反共の旗を掲げて奔走していた中曽根康弘などは、ヘンリー・キッシンジャーのゼミに参加しながら、米国で強力な人脈を築いていった）。

ハルトゥーニアンは、シカゴの同僚や学生とともに、このような七〇年代後半から八〇年代にかけて日米両国で支配的であった言説の政治的・イデオロギー的意味を読み解きながら、新たな歴史理解の方法を打ち立てようとしてきた。その意味で、本書（原題は、*Empire's New Clothes: Paradigm Lost, and Regained* で、二〇〇四年にシカゴ大学出版局から出された）の主題である近代化論の歴史的・現代的分析は、彼が研究者として長年取り組んできた問題意識のみごとな結晶といえるかもしれない。本書にみられる、日本を近代化の優等生として描くことのイデオロギー性を解明し、また日本研究（日本人論）に内在するオリエンタリズムの無意識を視覚化しようとする態度は、彼の著作一般にみられる特徴である。この近代化論への懐疑と批判は、アメリカがベトナム戦争で露呈した欺瞞——無差別な殺戮は、自由と民主主義をもたらす資本主義的経済発展をまもるために避けがたいという言いがかり——への抵抗としてはじまった。日本の近代化を成功の物語として描くことで、近代化（資本主義体制ならびに国民国家の構築）そのものが生み出す矛盾、支配、従属、差別、搾取の歴史は隠蔽されてしまったのではないか。一九六〇年代当時、日本研究の指導的立場にいた人びと——エドウィン・ライシャワー、アルバート・クレイグ、マリウス・ジャンセン、トーマス・スミス、ロバート・ベラーなど——が描き出す「日本」は、国内の紛争、対立、亀裂、また植民地支配、軍国主義、ファシズムの歴史とはまったく無縁なものであった。ハルトゥーニアンが本書で詳細に論じているように、このような日本研究のあり方は、日本を共産主義勢力から完全に切り離すためのアメリカの冷戦戦略の一部をなしていた。ハーバード大学で教鞭をとり、ケネディ大統領時代に駐日大使をつとめたライシャワーなどは、日本の歴史家たちがマルクス主義の影響をふかくうけていることを問題視し、近代化論にもとづく新しい歴史解釈の必要性を公言して憚らなかった。ハルトゥーニアンが紹介しているウォルト・ロストウの著書『経済成長の諸段階』(原書は一九六〇年)がその副題に「一つの非共産主義宣言」という文言を掲げていたように、ライシャワーをはじめとする歴史家、またその他多くの社会学者、政治学者、経済学者たちは、アメリカ帝国のイデオロギーの守護者となっていった。

『アメリカ〈帝国〉の現在——イデオロギーの守護者たち』は、このような帝国と学問の密接な関係を、戦後からブッシュ(ジュニア)政権にいたるまで描いている。社会科学者たちが、近代化論を反共理論の武器として立ち上げていくことで、どのように権力のしもべと化していったのか。そして、ベトナム戦争やオイルショックによって次第に力を失っていく近代化論が、ベルリンの壁の崩壊、イラク戦争、アメリカのアフガニスタン侵攻、反テロリズム政策をとおして、アメリカ帝国論とともにどのように復活をとげていくのか。冷戦での勝利を宣言したアメリカは、これまで避けてきた「帝国」という言葉を乱用するまでになり、ふたたび資本主義と民主主義をまもる「世界の警察官」としてふるまいはじめる。一九九〇年代に流行語となったグローバリゼーションとは、このようなアメリカの世界支配を経済的に表現した言葉にほかならず、近代化論はその理論的支柱を形成していたと、ハルトゥーニアンは論じている。どのような社会でも、資本主義的経済発展のための段階を経ることで、テロ（共産主義以後の新しい敵）の温床である貧困を根絶やしにし、物質的豊かさを手にすることができるとする近代化のイデオロギーは、アメリカの無制御な軍事介入を正当化していった。そこで引き合いに出されたのが、日本の占領政策である。日本の軍国主義とファシズムの経験は、日本資本主義の後れ、歪みのために生じた忘れ去られるべき不幸なできごとであり、戦後の占領政策によって「みごとに」資本主義国に生まれ変わった日本こそが、近代化のためのモデルとして賞賛されるべきだと。このような日本占領をめぐる見方が、アメリカの世界戦略の核心を形成していく。そして日本もまた、不都合な過去を葬ることができるこの歴史観を利用しながら、荒廃から繁栄へという物語をつくりあげていった。

3・11以後の帝国と「帝国」　ハルトゥーニアンにならって

本書は、アメリカのイラク・アフガニスタン侵攻を批判する書として一〇年前に執筆されているために、オバマが大統領になってからの政治的・知的状況については触れられていない。そこで、ハルトゥーニアンが本書で展開している議論を膨らませながら、さらに彼が最近書いた「日本語版のための序――帝国的「現在」について」を踏まえて、帝国の今、とくに3・11以後の状況を私なりに論じてみたい。それによって、本書のもつ今日的意義をすこしでも読者にお伝えできれば幸いである。

3・11以来継続する日本国内における危機的状況を考えたとき、多種多様な矛盾がますます顕在化していくなか、抜本的な変革を要求するための歴史的条件が整いつつあるようにみえる。しかしその一方で、反動的保守勢力はそのような要求を封じこめようと、家、土地、共同体を失った十数万人を越える被災地の難民たちの声と人類史上最悪の環境汚染の現実を隠蔽しようとしている。原子力発電の歴史は、明るい未来（繁栄）の創造の名の下に、資本と国家、企業と官僚がひとつになって地方を、過疎地を、そこに住む人びとの生活をカネの力で買収し、彼らに計り知れないリスクを背負わせながら推し進めてきた資本の蓄積過程にほかならない。なぜ、資本の蓄積とそれに群がる既得権益集団のために、これほどの人びとの生活が犠牲にされ、自然が酷使されつづけなければならないのだろうか。そしてなぜ、これほど理不尽な現実が目のまえに横たわっているのに、反動的保守政権が圧倒的支持を集めてしまうのだろうか。

この矛盾にみちた事態を考える上で、アメリカ帝国と日本「帝国」の戦後の親密な関係を振り返る必要があろう。私は、本書はそのための重要な指針になると考えている。敗戦後、日本はアメリカ帝国の「保護」下に入り、みずからの帝国を失う一方で、近代化の優等生（非西洋国として）という新しい地位を獲得していく。この日本のすばやい変身によって、日本の帝国的精神構造、つまり、アジア圏域における日本民族の偉大さ、帝国的優越感という戦前のイデオロギーは無傷のまま温存されることになった。それによって、近代をとおしてアジア諸国にあたえた途方もない破壊と過酷な植民地搾取、またそれを支えた差別意識を根本的に批判検証することは先送りされ、帝国時代につくられた日本国内のマイノリティに対する差別構造も、手つかずのまま放置された。このような帝国的精神構造の持続は、戦後になってさかんに論じられるようになる「単一民族国家」神話とふかく結びついていたことはいうまでもない。この幻想は、日本帝国が複数民族からなる階層社会であったことを忘れさせ、また慰安婦問題にみられる取り返しのつかない暴力の傷痕が戦後もつづいている事実を隠蔽してきた。日本は、帝国を失うことで帝国的精神を固持するという逆説を演じてきたともいえよう。しかしこの精神は、二重の意味で実体のない帝国の亡霊のようなものでしかなかった。つまり、戦後日本の「帝国」（帝国的精神構造）は、文字通りアメリカ帝国に従属するという意味において、虎の威を借りた狐として存在してきたのであり、それはまた、すでに消え失せた過去の帝国の幻影でしかなかった。

しかし、この亡霊を、たんなる見かけや観念の問題として理解してしまうことは誤りだろう。

「帝国」は、アメリカ帝国の思惑と従属国日本の欲望をみたすメカニズムとして現実に力を発揮してきたのである。アメリカは、日本のアジアに対する帝国的優越感や自負心が、その地域の資本市場の確保と軍事覇権の維持に役立つかぎりにおいて、それらを支持し煽ってきたし（それは、本書が論じるように、日本の植民地支配は韓国や台湾の近代化を助けたのであり、負の遺産ばかりでなくプラスの遺産として評価されるべきだとする論調に代表される）、日本はアメリカの資本主義と核の傘に完全に組みこまれるかたちで高度経済成長を遂げ、ふたたびアジア「唯一」の近代国家という自尊心と地位を手に入れていった。かつて敵国として戦ったアメリカと日本が急速に寄り添い、同盟国へと変身を遂げたのも、まさにこの帝国の亡霊に投企（project）された両国の欲望が合致しているためであったといえる。この欲望のシステムこそが、帝国の亡霊に生気をあたえていくことになる。亡霊は、日本の保守勢力という身体に乗り移り、戦後の民主政治を寄生虫のようにその内側から食いつぶしていく。保守勢力の中心を占めるナショナリストたちは、アメリカ帝国の力と支援に依存しながら、みずからの政治的・経済的利権を築き上げる一方、国民にはこの従属的関係（親米という言葉で表現された）こそが、あたかも日本社会を平和と繁栄へと導く唯一の現実的選択であるかのように説得していった。ハルトゥーニアンが本書で力説しているように、日本の保守政治の背後で実質的な力をふるってきたのがアメリカ政府であったとすれば、アメリカに添い寝しながら「帝国」の夢――日本の物質的繁栄と優越性――を見つづけたのが、日本の保守政治を主導した政治家や官僚、またそれを支持した国民である。

しかしその夢は、民主政治の形骸化という計り知れない代償をともなっていた。この代償は、原子力発電の歴史と3・11以降の福島の事態に明瞭にあらわれている。「原子力村」というとてつもない怪物が、アメリカ帝国と日本政府によって育成されてきたこと。そして3・11以降、人類史上最悪の環境汚染と人権侵害が広がりつづけているにもかかわらず、この村の既得権益に群がる人びとは、依然として権力の中心にどっかりと腰を据え、被害者・被曝者を棄民化し難民化させながら、原発の再稼動を図ろうとしている。この政治構造にこそ、帝国の亡霊に憑りつかれた者たちの愚かしさとグロテスクさを見てとれるのではないだろうか。

しかし、この帝国の亡霊を支えてきた構造に大きな変化が起きている。オバマ政権はアメリカ資本主義の行きづまりと、化け物のように肥大化した世界を包摂する軍事力が生み出す経済的逼迫を乗り越えようと、アメリカ帝国の再編成に取り組んでいる。また、中国、韓国の経済的台頭は、日本を中心に構想されてきた東アジアでのアメリカの戦略に、抜本的見なおしを迫っている。実際、アメリカ帝国の構造のなかで、日本の重要性は相対的に低下しつづけているのかもしれない。アメリカは、イラク・アフガニスタン侵攻の破滅的な結末とリーマンショック以来、日本に帝国の夢を見つづけさせる必要をそれほど感じていない。しかしその一方で、帝国の亡霊にしがみつこうとする日本の現政権は、平和外交という詭弁を繰り返しながら、日米安保の強化を軸に、消滅するかにみえる日本の優越感と自負心を戦前の状態まで引き戻そうとしているかのようだ(憲法の改悪、軍国化、愛国心の謳歌)。さらに日本の現政権は、アメリカ帝国の再編成にともなって生まれてくる新たな歴史的局面、つまり東アジア地域に生じる力の空洞を利用することで、より大きな軍事的・政治的役割を日本が果たせるように、アメリカに働きかけている。集団的自衛権の合法化は、そのための第一歩であろう。こうして、日米が戦後協働してつくり上げてきた日本「帝国」という亡霊は、アメリカ帝国とともに生きつづけることになる。そして、このアメリカ帝国と日本「帝国」という構造を支えつづけるものこそ、近代化論というイデオロギーである。それは、自由、民主の擁護、あるいは全人類に物質的豊かさをもたらすというユートピアを身にまとい、世界の市場化と軍事支配を絶え間なく推し進めていくための論理でありつづけるだろう。

ハルトゥーニアンは、今後の世界のゆくえを語るとき、ネグリ／ハートのマルティテュード論に一貫して批判的である。彼はサミール・アミンやローザ・ルクセンブルク、またデヴィッド・

ハーヴェイに依拠しながら、資本主義の絶対的な不均等性は、その歴史的展開の結果であるばかりでなく、資本の自己再生産と増殖のための必要条件であると論じる。金融資本が国民国家を無効にしながら世界をつなぎ合わせ、その結果としてマルティテュードという世界民衆（草の根の運動体）があらわれるというあまりにも楽観的な未来像が実質的な意味をもたないことは、日本で広がり深刻化する格差社会と、それに連動するかたちで起こっている人種主義・差別の現状をみれば明らかだろう。酒井直樹が論じてきたように、ワーキングプアの若者・青年たちが、ヘイト・スピーチや在特会にみられるきわめて攻撃的な人種差別と抑圧に惹きつけられるのも、まさにこの兆候の一端である。

この状況にあって、政府高官や保守政治家たちは、人口減少＝労働力不足＝消費力低下を国家存亡にかかわる重大な危機と認識しており、それゆえに安倍政権は、期限つき労働者の受け入れを検討している（"Success of 'Abenomics' Hinges on Immigration Policy", *The Japan Times*, May 18, 2014）。さらに、長期的な移民受け入れ政策の一環として、比較的反日感情が少なく、日本文化のフェティッシュ――「クールジャパン」という商品イコール欲望――を売りこみやすい東南アジアに多額の資本を投じて、日本語教育と文化の推進のためのプロジェクトを展開しようとしている。かつてアメリカ帝国が、第三世界の庶民にアメリカン・ドリームを売りこみ、移民という欲望を植えつけながら廉価な労働力を確保してきたように、日本もまた、「成熟した消費社会」の欲望を第三世界に売ることで、そのような移民の流れをつくろうとしている。いっとき、単一民族国家を名乗って憚らなかった日本は、資本主義生産関係の維持と国家存続のために、多民族社会に戻らなければならないという皮肉な事態である。

しかし多民族社会の未来は、無国籍的で横断的な民衆・マルティテュードの出現ではなく、国家の目指す資本の蓄積と再生産のために分業化、階層化、差別化される不均等にみち、治安維持のために警察力が強化され、人種差別が跋扈する社会の到来かもしれない。さらに日本は、労働力の確保と市場の安定化のために、アメリカ帝国と協力しながら、軍事力のさらなる強化をはかるだろう。そして中国の野心に対抗するかたちで、日本とASEANを中心にした新しい経済・軍事ブロックが形成され、アメリカは日米安保を基調にそれを背後から支援しつづけるだろう。もしこの将来のシナリオが実現してしまうのならば、戦後から今まで徘徊しつづけた日本帝国の亡霊(「帝国」)は、亡霊でいることに満足しきれず、実体をもった帝国に生まれ変わるかもしれない。そのとき日本に住む人びとの日常は、恒常的に紛争と戦争の危険にさらされることにならないだろうか。

このような未来とは異なる可能性を模索するために、ハルトゥーニアンも本書で言及しているインドの作家アルンダティ・ロイが、9・11以降のアメリカ帝国の横暴なふるまいを批判して記した言葉を最後に引用しておこう。

わたしたちの戦略は、それはたんに〈帝国〉に立ち向かうことではなく、それを包囲してしまうことだ。その酸素を奪うこと。恥をかかせること。馬鹿にしてやること。わたしたちの芸術、わたしたちの音楽、わたしたちの文学、わたしたちの頑固さ、わたしたちの喜び、わたしたちのすばらしさ、わたしたちはけっして諦めないしぶとさ、そして、自分自身の物語を語ることのできるわたしたちの能力をもって。わたしたちが信じるようにと洗脳されているものとは違う、わたしたち自身の物語。(『帝国を壊すために』岩波新書、一四五頁)

この言葉は、日本の現状への批判として、力をもつものではないだろうか。帝国と「帝国」を維持するために、福島や沖縄、また辺境化・差別化された地域から聞こえてくる声を踏みにじろうとする者たちにむかって、頑固に、あらゆる表現を使って、自分自身の物語を語りつづけること。その物語をつなぎ合わせながら、帝国と「帝国」の守護者たちの「安全神話」や「平和のための安全保障」という洗脳に抵抗し、彼らがおかしてきた罪を明確にし、恥をかかせ、責任を取らせること。どんな逆境にあっても、生きることの喜びやすばらしさを自分自身の物語から紡ぎ出していくこと。そのような営みにこそ、帝国の物語には収束されない別の未来を切り開く可能性が宿っているように思えてならない。

最後に、わたし自身の執筆や仕事でずいぶん予定より遅れてしまった本書の出版を、辛抱づよく待ってくださったハルトゥーニアン氏とみすず書房の栗山雅子さんに心からのお詫びとお礼を言いたい。

二〇一四年の春、ロサンゼルスにて

平野克弥

人名索引

ア行

アイゼンシュタット，S・N　S. N. Eisenstadt　75, 79–81, 86, 89–91, 99, 126, 138–141
アプター，デヴィッド　David Apter　96, 97, 138, 140–143, 164, 165
アミン，サミール　Samir Amin　167
アーモンド，ガブリエル　Gabriel Almond　96, 97
アレクサンダー，ジェフリー　Jeffrey Alexander　65, 101, 102

イグナティエフ，マイケル　Michael Ignatieff　39, 41
イーグルトン，テリー　Terry Eagleton　131
石原慎太郎　38
インクルズ，アレックス　Alex Inkeles　99, 100, 124

ウェーバー，マックス　Max Weber　13, 71, 77–82, 84, 100, 123–125
ウェルズ，H・G　H. G. Wells　117
ヴォーゲル，エズラ　Ezra Vogel　123
ウォーラーステイン，イマニュエル　Immanuel Wallerstein　3, 25, 89, 100, 140, 167
ウッド，エレン　Ellen M. Wood　49, 50
ウッドハウス，P・G　P. G. Wodehouse　159, 168

大平正芳　95

カ行

カウツキー，カール　Karl Kautsky　43, 46, 160
カガルリツキー，ボリス　Bolis Kagarlitsky　92, 93
ガーナー，ジェイ　Jay Garner　115
カナディン，デヴィッド　David Cannadine　153–158
カブラル，アミルカル　Amilcar Cabral　90, 91

ギアツ，クリフォード　Clifford Geertz　126
ギャラガー，ジョン　John Gallagher　33
ギンディン，サム　Sam Gindin　48, 49

クーパー，ロバート　Robert Cooper　36, 37, 161, 162

クーパー，フレデリック　Frederic Cooper　15, 16
グライダー，ウィリアム　William Greider　39
グラムシ，アントニオ　Antonio Gramsci　10
クリストル，アーヴィング　Irving Kristol　39
グリーン，グレアム　Graham Greene　169

ゲオルゲ，シュテファン　Stefan George　36

コシュマン，ヴィクター　Victor Koschmann　118
コリー，リンダ　Linda Colley　150-153, 155, 156
コールマン，ジェームズ　James Coleman　96, 97
ゴワン，ピーター　Peter Gowan　48-50

サ行

サイード，エドワード　Edward Said　108, 132, 134, 135, 153, 154
酒井直樹　153

ジェイムソン，フレドリック　Fredric Jameson　131
ジェファーソン，トーマス　Thomas Jefferson　18
シュー，フランシス　Francis Hsu　68
シュトラウス，レオ　Leo Strauss　60
シュペングラー，オスヴァルト　Oswald Spengler　60, 133
シュミット，カール　Carl Schmitt　60
ジョンソン，リンドン　Lyndon Johnson　93
シルズ，エドワード　Edward Shils　80, 81, 88, 89, 91, 126, 140, 141

スターリン，ヨシフ　Iosif Stalin　8, 168
ストンクイスト，E・V　Everett V. Stonequist　100, 101
スペンサー，ハーバート　Herbert Spencer　57
スミス，アントニー　Anthony Smith　80, 85
スミス，デヴィッド　David Smith　99, 100, 124
スメルサー，ニール　Neil Smelser　87-89

セゼール，エメ　Aimé Césaire　142, 143

タ行

竹内好　135

チェイニー，ディック　Dick Cheney　169

デュルケム，エミール　Émile Durkheim　87

ドーア，R・P　R. P. Dore　86
トインビー，アーノルド　Arnold Toynbee　86
トルーマン，ハリー　Harry Truman

106
トロツキー，レフ　Lev Trotsky　88

ナ行

ニクソン，リチャード　Richard Nixon　48
ニーチェ，フリードリヒ　Friedrich Nietzsche　68, 71

ネグリ，アントニオ（「トーニ」）Antonio "Toni" Negri　12–14, 16, 32, 36, 43, 44, 160, 164

ノリエガ，マヌエル　Manuel Noriega　58

ハ行

ハーヴェイ，デヴィッド　David Harvey　47, 50, 51
ハース，リチャード　Richard Haass　32–37
パーソンズ，タルコット　Talcott Parsons　64, 75, 77–80, 82, 83, 85, 89, 107, 109, 123, 125
ハート，マイケル　Michael Hardt　12–14, 16, 32, 36, 43, 44, 160, 164
パニッチ，レオ　Leo Panitch　48, 49
バーバンク，ジェイン　Jane Burbank　15, 16
バリッツ，ローレン　Loren Baritz　22, 23
パール，リチャード　Richard Perle　40, 41
バルト，ロラン　Roland Barthes　54
ハンティントン，サミュエル　Samuel Huntington　38, 39, 71, 72, 92, 93, 96–99, 133, 134, 136

ヒトラー，アドルフ　Adolf Hitler　115, 142

ファーガソン，ニーアル　Niall Ferguson　35, 42, 156–158, 160–163
ファノン，フランツ　Frantz Fanon　135
ファビアン，ヨハネス　Johannes Fabian　74, 75
フェアバンク，J・K　J. K. Fairbank　86
フクヤマ，フランシス　Francis Fukuyama　47
フーコー，ミシェル　Michel Houcault　43
フセイン，サダム　Saddam Hussein　59
ブッシュ・シニア，ジョージ・W　George W. Bush, Sr.　41, 58
ブッシュ・ジュニア，ジョージ・W　George W. Bush, Jr.　14, 31, 32, 39, 147, 169
ブート，マックス　Max Boot　35
プーランツァス，ニコス　Nikos Poulantzas　35, 40, 48
フリードマン，トーマス　Thomas Friedman　40
ブレア，トニー　Tony Blair　36, 37
プレッチ，カール　Carl Pletsch　104, 105, 107
ブレマー三世，ポール　Paul Bremer, III　115

ベイスヴィッチ，アンドルー Andrew Bacevich 40, 41
ヘーゲル，フリードリヒ Friedrich Hegel 42, 74, 78, 107
ベネディクト，ルース Ruth Benedict 68, 71, 118, 119, 124
ベラー，ロバート Robert Bellah 79–81, 86, 123–126

ホルクハイマー，マックス Max Horkheimer 35, 40

マ行

マッカーサー，ダグラス Douglas MacArthur 115
マルクス，カール Karl Marx 8, 13, 42, 43, 45, 46, 77, 89, 95, 100
マンハイム，カール Karl Manheim 140

ムーア，バリントン Barrington Moore 109–112, 126
ムッソリーニ，ベニート Mussolini, Benito 115, 142

ヤ行

ヤスパース，カール Karl Jaspers 81
ヤング，マリリン Marilyn Young 71–73

ラ行

ライシャワー，エドウィン・O Edwin O. Reishauer 126–128
ラウエ，セオドア・フォン Theodore von Laue 133, 136
ラザルス，ニール Neil Lazarus 133
ラーナー，ダニエル Daniel Lerner 99
ラパロンバラ，ジョゼフ Joseph LaPalombara 96
ラムズフェルド，ドナルド Donald Rumsfeld 58
ランケ，レオポルト・フォン Leopold von Ranke 42

リースマン，デヴィッド David Riesman 100
リプセット，シーモア・M Seymour M. Lipset 160, 161

ルクセンブルク，ローザ Rosa Luxemburg 46, 47, 50
ルムンバ，パトリス Patrice Lumumba 61

レーガン，ロナルド Ronald Reagan 41, 146
レッドフィールド，ロバート Robert Redfield 100, 101
レーニン，ウラジーミル Vladimir Lenin 46, 77
レビ，マリオン Marion Leby 85

ロイ，アルンダティ Arundhati Roy 149
ロス，クリスティン Kristin Ross 3
ロストウ，ウォルト Walt Rostow 79, 92–97, 108, 126
ロビンソン，ロナルド Ronald Robinson 33

著者略歴

(Harry Harootunian)

1958年ミシガン大学で歴史学の博士号取得．ローチェスター大学，シカゴ大学，ニューヨーク大学教授を歴任．シカゴ大学，ニューヨーク大学名誉教授．現在 コロンビア大学特任教授．日本近代史・歴史理論専攻．主な著書に，*Toward Restoration: the Growth of Political Consciousness in Tokugawa Japan* (1970), *Things Seen and Unseen: Discourse and Ideology in Tokugawa Nativism* (1988), *Overcome by Modernity: History, Culture, and Community in Interwar Japan* (2000.『近代による超克—戦間期日本の歴史・文化・共同体（上・下）』梅森直之訳，岩波書店，2007), *History's Disquiet: Modernity, Cultural Practice, and the Question of Everyday Life* (2000.『歴史の不穏—近代，文化的実践，日常生活という問題』樹本健訳，こぶし書房，2011),『歴史と記憶の抗争—「戦後日本」の現在』カツヒコ・マリアノ・エンドウ編・監訳，みすず書房，2010，その他共著・編著多数．

訳者略歴

平野克弥〈ひらの・かつや〉同志社大学法学部政治学科卒業．シカゴ大学で博士号取得．ディポール大学歴史学部，コーネル大学歴史学部を経て，現在カリフォルニア大学ロサンゼルス校歴史学部准教授．専攻は日本近世・近代の文化史・思想史・社会理論・歴史理論．著書 *The Politics of Dialogic Imagination: Power and Popular Culture in Early Modern Japan* (The University of Chicago Press, 2014)．編訳書 テツオ・ナジタ『Doing 思想史』(みすず書房，2008)．

ハリー・ハルトゥーニアン
アメリカ〈帝国〉の現在
イデオロギーの守護者たち
平野克弥訳

2014年6月9日　印刷
2014年6月19日　発行

発行所 株式会社 みすず書房
〒113-0033 東京都文京区本郷5丁目32-21
電話 03-3814-0131(営業) 03-3815-9181(編集)
http://www.msz.co.jp

本文組版 キャップス
本文印刷所・製本所 中央精版印刷
扉・表紙・カバー印刷所 リヒトプランニング

ISBN 978-4-622-07837-1
[アメリカていこくのげんざい]